SCHWEIZER WINTERSPORTHELDEN

SEPP RENGGLI UND THOMAS RENGGLI | **SCHWEIZER WINTERSPORTHELDEN**

VON DEN ANFÄNGEN BIS HEUTE

FARO

© 2010 FARO im Fona Verlag AG | 5600 Lenzburg
www.fona.ch

LEKTORAT | Léonie Schmid

UMSCHLAG | zollinger graphic design

KONZEPT UND GESTALTUNG | FonaGrafik, Sabine Jäggi

BILDER | Keystone

DRUCK | Druckerei Uhl, Radolfzell

ISBN 978-3-03781-008-8

INHALTSVERZEICHNIS

- 008 DIE WETTE DES JOHANNES BADRUTT
- 014 SKELETON | ZU GEFÄHRLICH FÜR JACKIE STEWART
- 018 BOB | ALS SEPP BENZ NICHT KONNTE
- 023 EISKUNSTLAUF | DIE PIROUETTEN-WUNDER
- 030 EISHOCKEY | VON NI BIS ER – LEGENDÄRE HOCKEYANER
  DER NI-STURM
- 033 DER AROSER STURM
- 037 DER ZSC- UND DER ER-STURM
- 041 DER ERSTE PROFI
- 042 EISBRECHER IN NORDAMERIKA
- 048 CURLING | SPORTHISTORISCH
- 056 DIE GEBURTSSTUNDE DES ERSTEN SCHWEIZER SKIKLUBS
- 060 SKISPRINGEN | SPRINGEN … FLIEGEN … LANDEN
  DIE VOGELMENSCHEN
- 066 DER ÜBERFLIEGER AUS DEM TOGGENBURG
- 074 ADOLF OGIS QUANTENSPRÜNGE
- 078 SKI NORDISCH | VORBEI DER DORNRÖSCHENSCHLAF
  DIE GLORREICHEN VIER
- 089 WUNDERLÄUFER AUS DEM MÜNSTERTAL
- 094 DIE GOLDENE KOMBINATION
- 100 SKI ALPIN | POPULÄRSTE WINTERSPORTDISZIPLIN
  DER SCHUSTER, DER BEI SEINEN LEISTEN BLIEB
- 106 WARUM BERNHARD NICHT PIUS HEISST
- 116 SPIEGELFECHTEREIEN GEGEN PIRMIN
- 120 DER LEISE SUPERSTAR
- 127 GOLD FÜR VON GRÜNIGEN, KERNEN UND NEF – GUT DIE BESTE?
- 130 CUCHE – DER EVERGREEN
- 134 DANIEL ALBRECHT – DAS RENNEN SEINES LEBENS
- 138 FALSCHE NATIONALHYMNE UND ECHTES HEU FÜR ERIKA
- 142 DIE ERFOLGREICHEN SKILADYS IN DEN 90ER-JAHREN
- 148 SNOWBOARD | DIE SNOWBOARDER IM MEDAILLENREGEN
- 158 SKICROSS | DER GOLDSCHMIED
- 164 SKIAKROBATIK | RIEDERALP? WO IST DAS?
  VOM SKICLOWN ZUM HOTELMILLIONÄR
- 168 SONNY UND EVELYNE AUF DEM OLYMP
- 172 DAS STOCKERL UND DAS PODIUM
- 176 SCHWEIZER MEDAILLEN AN OLYMPISCHEN WINTERSPIELEN
- 182 MEDAILLENSPIEGEL NACH SPORTARTEN
- 184 PERSONENREGISTER

VORWORT

Die Passion für den Wintersport wurde mir buchstäblich in die Wiege gelegt. Mein Vater Fritz war ein Bergler, aufgewachsen in der Lenk, in jungen Jahren schon ein begeisterter und zäher Langläufer und Patrouilleur. An den ersten Olympischen Winterspielen 1924 in Chamonix trainierte er die Zermatter Militärpatrouille, der ein überraschender Sieg über die favorisierten Finnen gelang. Vier Jahre später zeichnete er in St. Moritz für die Vorbereitung des aus Langläufern, Springern und Militärpatrouilleuren bestehenden Schweizer Skiteams verantwortlich. Als Lehrer hatte er sich nebenbei stets auch journalistisch betätigt, was ihm 1929 die Berufung zum Chefredaktor des einst geachteten Fachblattes «Sport» eintrug. So verschlug es mich als dreijähriges Familienmitglied vom Berner Oberland in die Grossstadt Zürich, immerhin auf den Milchbuck, den Übergang zwischen Zürichberg und Käferberg. An diesen Hügeln kam es in der stets schneereichen Winterzeit zu ersten Versuchen als Skifahrer und Schlittler. Im Birkenhof, nahe beim Milchbuck-Schulhaus, entstand jeden Winter eine Natureisbahn, auf der ich mich als Eisläufer (ohne künstlerische Begabung!) und Eishockeyspieler versuchte. Angetrieben von der beruflichen Tätigkeit meines Vaters galt mein Interesse auch den wettkampfmässigen Seiten des Wintersports. David Zogg, Otto Furrer, Ruedi Rominger, die Eishockeyaner mit Bibi Torriani an der Spitze oder der norwegische Springerkönig Birger Ruud waren meine Idole. Als zehnjähriger Bub verfolgte ich am Radio und in den Zeitungen («Sport» und «NZZ») die Olympischen Winterspiele 1936 in Garmisch-Partenkirchen. Ich war entrüstet über den Ausschluss der besten Schweizer Alpinen, die als Skilehrer wie die Österreicher als Profis galten und nicht starten durften. Umso grösser meine Schadenfreude über die Abfahrtssiege der Norweger durch die Eisschnellläuferin (!) Laila Schou Nilsen und den Springerkönig Birger Ruud, die den hochfavorisierten Deutschen ein Schnippchen schlugen, im Slalom aber leer ausgingen und in der allein mit Medaillen bedachten alpinen Kombination zurückfielen. Die grösste Enttäuschung bereitete uns Fans aber unsere hochkotierte Eishockey-Nationalmannschaft, die in der Vorrunde sang- und klanglos ausschied.

Schon bald einmal stand für mich fest, dass ich einmal den Beruf eines Sportjournalisten ergreifen wollte. Als Gymnasiast schrieb ich meine ersten Berichte, notabene über das Jugend-Skirennen auf dem Albis, den 18 km-Langlauf am Uetliberg, den 30 km-Langlauf in Fischenthal, die Zürcher Regionalmeisterschaften in Hinwil, das Zugerberg-Derby, die Stöcklikreuz-Abfahrt in Lachen usw. Soll einer sagen, der Klimawandel existiere nur in den Köpfen einiger Wissenschafter!

1949 vollzog ich gemeinsam mit Sepp Renggli den Schritt zum Beruf-Sportjournalisten – damals ein riskantes Unterfangen, das ich indessen nie bereuen musste. Ich erlebte faszinierende Jahrzehnte im Wintersport, angefangen bei den Olympischen Winterspielen 1948 in St. Moritz (wo ich im Pressedienst tätig war) bis zu den Spielen 1992 in Albertville als Pressechef einer unglücklich kämpfenden Schweizer Delegation.

Während vier Jahrzehnten begleitete ich den Wintersport hautnah; das waren Highlights, Tiefschläge, mannigfache Schicksale, Begegnungen und tiefgehende Eindrücke. Ich hätte keine einzige Stunde missen mögen und erinnere mich dabei an ein gemeinsames Erlebnis mit meinem Kollegen und «Weltcup-Papst» Serge Lang, als wir vor einer Streckenbesichtigung neben der Bergstation auf einer Bank sassen, den Wintermorgen bewunderten und uns sagten: «Ein Dankeschön an Verleger und Chefredaktoren, die uns dieses Leben ermöglichen!»

Geblieben sind Erinnerungen und Begegnungen, die auch einen wesentlichen Bestandteil dieses Buches bilden. Ich habe viel profitiert und mich deshalb auch verpflichtet gefühlt, meine Erfahrungen in den Dienst des Nationalen Komitees für Elitesport und von Swiss Olympic zu Gunsten des Spitzensports zu stellen. Der Wintersport begleitet mich weiter im Altersdasein, wenn auch nicht am Pistenrand oder im Stadion, sondern im Tessin am Bildschirm mit bewundernswerten Athleten als Hauptakteuren.

Karl Erb | Beruf-Sportjournalist und Ehrenmitglied Swiss Olympic

DIE WETTE DES JOHANNES BADRUTT

VOR 150 JAHREN WURDE DAS ENGADIN ALS WINTERFERIENORT ENTDECKT, NICHT DES SPORTES, SONDERN DER WÄRMENDEN SONNE WEGEN.

Das Regime des Winters dauert laut dem Gregorianischen Kalender drei Monate, von der Wintersonnenwende bis zum Frühlings-Äquinoktium. Dann gönnt sich der Winter eine dreimonatige Pause, ehe er vom 21. Juni bis zum 23. September auf der südlichen Halbkugel arbeitet. Im Gegensatz zu seinem im Jahre 1976 verblichenen Namensvetter Fritz Winter, der als abstrakter Maler seine Bilder mit schwarzen Zeichen und schwarzem Gitterwerk schmückte, bevorzugt unser Winter die schneeweisse Farbe. Damit verhalf er dem Alpenland Schweiz und seinen Nachbarn zum devisenträchtigen Wintersport.

Allerdings ist der Winter heutzutage nicht immer, was er einst war. Das Klima flippt mitunter aus, der Treibhauseffekt macht die kalte Jahreszeit wärmer, grüne Weihnachten sind selbst 1500 m ü. M. keine Rarität. Im neuenburgischen La Brévine werden zwar weiterhin Temperaturen um minus 40 Grad gemessen, doch den Kälte-Weltrekord hält seit 1960 Wostok in der Antarktis mit 88,3 Grad unter Null. Die schneereichste Gemeinde auf unserem Globus ist das Hafenstädtchen Valdez in Alaska. Im Winter 1989 / 90 fielen dort über zehn Meter Schnee; gleichzeitig mussten in Europa mehrere Weltcuprennen infolge Schneemangels abgesagt werden. Schweizer Hoteliers und Skiliftbesitzer werden trotz Wintersonne hin und wieder blass vor Neid, wenn sie an das kleine Valdez denken. Denn unser Winter spielt ihnen öfters dumme Streiche. Ungezählte Hotelbetten bleiben deshalb häufig leer. Wie beispielsweise anno 1864. Damals schlossen die Berghotels im Oktober ihre Tore. Die Gäste reisten ab, verlassene Bergdörfer dösten monatelang vor sich hin. Winterschlaf!

Das fuchste den St. Moritzer Hotelier Johannes Badrutt. In seinem Kleinhotel Engadiner-Kulm feierten am letzten Sommersaison-Abend die letzten Gäste Abschied. Sie sprachen eifrig dem alten schottischen Whisky zu und reservierten ihre Zimmer für den nächsten Sommer. Nach dem dritten oder vierten Scotch (vielleicht war es sogar der fünfte) bat Johannes Badrutt um Silentium und empfahl seinen Gästen einen Winteraufenthalt. Der Winter im Engadin sei angenehmer und weniger kalt als in London. Man könne hier oben im Februar ohne Mantel, Hut und manchmal ohne Veston promenieren. In London würde man sich mit gleicher Kleidung eine Lungenentzündung holen. Mit diesen scheinbar komischen Worten erntete Badrutt einen Heiterkeitserfolg. Die Whiskyrunde kicherte und lachte Badrutt aus. Doch der Hotelier packte die Engländer an ihrer empfindlichsten Stelle und schlug ihnen eine Wette vor: «Sie können den ganzen Winter gratis in meinem Hotel wohnen. Sollte mein Versprechen vom warmen Winter nicht eintreffen und Sie am Bergwinter keinen Gefallen finden, vergüte ich Ihnen die Reisespesen von London nach St. Moritz und zurück.» Die Engländer frohlockten angesichts ihres Wettgewinnes und besiegelten die Abmachung per Handschlag.

Cresta Run St. Moritz, die älteste noch bestehende Schweizer Sportanlage, Jahrgang 1885

St. Moritz, einst Wiege,
jetzt Mekka des Schweizer
Wintersports

Curling in St. Moritz
im Januar 1911

Im Londoner Dezember-Smog erinnerten sich vier Wetter, darunter ein kränkelnder Baron, an Badrutts Behauptung und reisten gegen Weihnachten 1864 mit elf Freunden siegesgewiss in die Schweiz. In Chur mieteten sie Pferdeschlitten und fuhren damit via Lenzerheide und Bivio über den Julier und litten bei ihrer Ankunft in St. Moritz (schon weniger siegesgewiss) bereits an Sonnenbrand. Sie hatten sich den Bergwinter als halbdunkle Nacht vorgestellt, stattdessen war das Licht viel intensiver und heller als im Sommer. Triumphierend stand Johannes Badrutt beim Empfang der Briten hemdsärmelig vor dem Hoteleingang. Er begrüsste sie jovial, schon im Bewusstsein der gewonnenen Wette. Sie kostete ihn zwar Geld, doch sie revolutionierte den Tourismus. Badrutts erste Wintergäste planten einen Kurzurlaub. Nach Neujahr wollten sie in London zurück sein; das hatten sie in ihren Clubs angekündigt. Doch sie blieben bis Ostern. Unentgeltlich, wie Badrutt versprochen hatte. Braun und strotzend vor Gesundheit, der kränkelnde Baron genesen, kehrten die Engländer im Frühling nach London zurück und berichteten ihren staunenden Bekannten, dass die Bergsonne im Winter viel kräftiger scheine als im Sommer. Schon im nächsten Winter brachten die ersten St. Moritzer-Wintergäste Verwandte, Freunde und Neugierige aus Grossbritannien ins Engadin. Der Winter-Fremdenverkehr machte seine ersten Schritte;

zuerst zaghaft, dann mit immer mehr Power. Das ärgerte zu Beginn des letzten Jahrhunderts vor allem die Konkurrenz an der Côte d'Azur. In der «Gazette médicale» warnte ein französischer Arzt: «Wenn der unglaubliche Wohlstand der Schweizer Wintersportstationen nicht eine Gefahr für unsere französischen Kurorte an der Riviera bedeuten würde, wäre es nicht nötig, sich damit auseinanderzusetzen. Seit mehreren Jahren kommen die Gäste nicht mehr zu uns. Quantität und Qualität der Kundschaft sind nicht mehr, was sie früher waren. In der Schweiz hingegen, wo man vor 15 Jahren 2500 Gäste zählte, sind es jetzt mehr als 30 000 in einem Monat.» 25 Millionen Franken, so schätzte der besorgte Mediziner, gingen damals der Riviera pro Wintermonat verloren. Johannes Badrutt wurde nie Ehrenbürger von Nizza, Cannes oder Monte Carlo.

Ähnliche Pionierarbeit wie Badrutt in Graubünden leistete vor über hundert Jahren Rosa Dahinden-Pfyl in der konservativen Innerschweiz. Sie versuchte unermüdlich und fast gebetsmühlenartig, Städter auf die Schönheit der verschneiten, sonnenüberfluteten Berge aufmerksam zu machen und die Bewohner der Alpentäler aus dem Winterschlaf zu wecken. Doch die Hoteliersfrau von Rigi-Kaltbad stiess bei ihren Ausflügen nach Weggis und Luzern stets auf Ablehnung und mitleidiges Lächeln, wenn sie die Faszination des Bergwinters anpries und im nebligen Unterland mit dem Slogan «Rigi hell» um Wintergäste buhlte. Aber «Rigi hell», wie ihre Kritiker Rosa Dahinden spöttisch nannten, liess sich nicht einschüchtern und lockte mit Inseraten, Plakaten und Leserbriefen die ersten Skifahrer auf die Rigi. Sie mussten, weil sich die beiden Bahnen beharrlich weigerten, ihre Lokomotiven zu heizen, ab Arth-Goldau oder Vitznau den Berg auf den Bahntrassees erklimmen. Rosa Dahinden und die Bähnler, das war eine ewige Fehde: «Meine Idee, dass die Bahn im Winter fahren sollte und dass sie nicht wenigen Leuten zu einem guten Verdienst verhelfen würde, nannten alle eine verrückte Marotte. Verdächtigungen, elende Verleumdungen und impertinente Anrempelungen seitens stumpfsinniger Leute wollten nicht aufhören. Man fand mein Vorgehen geradezu lächerlich, ja strafbar. Aber auch solche Angriffe beirrten mich nicht im geringsten in meinem Ideal.» «Rigi hell» siegte! Vom 4. bis 9. Januar 1906 organisierte der Skiclub Luzern den ersten grossen Skikurs auf der Rigi. Die Luzerner rückten mit 140 Teilnehmern an und stellten zusammen mit Rosa Dahinden die Vitznau-Rigibahn vor vollendete Tatsachen. Die Bahn fuhr. Nach dem Skikurs stellte sie ihren Winterbetrieb aber sofort wieder ein, geriet aber drei Wochen später durch das erste Rigi-Skirennen vom 31. Januar bis 5. Februar 1906 erneut – in des Wortes wahrstem Sinn – in Zugzwang. Bahndirektor Fellmann schrieb Frau Dahinden: «In den Zeitungen steht zu lesen, dass vom 31. Januar bis 5. Februar täglich Zugsverbindungen Vitznau-Rigi-Kaltbad bestehen. Es ist uns davon nichts bekannt, und wir müssen schon um Aufschluss ersuchen.» Rosa Dahinden gab Aufschluss, die Rigibahn grollte, aber rollte. Ihren weiteren Winterbetrieb machte sie allerdings von der Bedingung abhängig, dass pro Fahrt mindestens fünf Retourbillette Vitznau-Rigi-Kaltbad gelöst werden mussten.

SKELETON | **ZU GEFÄHRLICH FÜR JACKIE STEWART**

SKELETON, DIE BÄUCHLINGSVERSION DES RODELNS, IST WIE DAS SCHWINGEN, DAS HORNUSSEN UND DER APPENZELLER KÄSE MADE IN SWITZERLAND.

Der erste Skeleton-Oympiasieger stammte aus unserem Land. Als Rom jedoch merkte, dass in St. Moritz ein sporttreibender Gemüsehändler lebte, der noch immer einen italienischen Pass besass, bot ihn das italienische Olympiakomitee mangels genügend anderer Kandidaten für seine Skispringer-, Abfahrts-, Bob-, Skeleton- und Eishockeyteams auf. Es kostete ja nichts, der Mann wohnte in St. Moritz, wo 1948 die fünften Winterspiele stattfanden. Der 24-jährige Athlet namens Nino Bibbia nahm die Selektion an und schrieb italienische Sportgeschichte. Er dominierte als Skeletonlehrling das Skeletonrennen und war der allererste Italiener, der Winterolympia-Gold gewann. Rom dankte ihm und ernannte den Gemüsler zum Cavaliere al Merito della Republica Italiana! Wegen des gedrängten Programms und weil er zwischen den Wettkämpfen die Hotels mit frischer Ware zu beliefern hatte, musste Nino schweren Herzens auf Abfahrt, Springen und Eishockey verzichten, was den seit Kindsbeinen in St. Moritz lebenden 88-Jährigen noch heute wurmt. Doch der Allrounder holte später nach, was er verpasst hatte und gewann in den folgenden Jahren Bobfahrten, Abfahrtsrennen, Skispringen und Eishockeyspiele im Multipack. Im Skeleton war er fast unschlagbar. Bibbias 232 Siege (sein schärfster Rivale kam auf 36 Erfolge) ist ein Weltrekord für die Ewigkeit.

So weit brachten es die besten (richtigen) Schweizer Skeletonrider nicht. Gregor Stähli zog sich nach seinem WM-Sieg 1994 vom Spitzensport zurück und konzentrierte sich auf das Betriebswirtschaftsstudium an der Hochschule St. Gallen. Als der Zürcher vernahm, dass Skeleton erstmals seit 1948 wieder olympisch wurde, kehrte er in den Eiskanal zurück, sicherte sich 2002 in Salt Lake City Olympia-Bronze und krönte seine Karriere 2006 in Cesena Torinese mit Gold. Am 28. Februar 2009, an seinem 41. Geburtstag, wurde der achtfache CH-Champion in Lake Placid zum dritten Mal Weltmeister; zum letzten Mal, denn 2010 ging Stähli endgültig von Bord.

Ebenfalls 2010 verabschiedete sich Maja Pedersen-Bieri, nachdem sie die weibliche Skeletonszene mehr als ein Jahrzehnt lang «bereichert» hatte; Gesamtweltcup-Sieg 1998, Weltmeisterin 2001 und 2005 auf ihrer Lieblingsbahn Calgary, Europameisterin 2006, Olympiasiegerin in Cesena Torinese 2006. Die 38-jährige Berner Oberländerin aus Spiez ist mit ihrem Trainer Snorre Pedersen verheiratet, wohnt im norwegischen Oyer bei Lillehammer und wechselte nach den Olympischen Winterspielen von Vancouver endgültig ins Sport-Stöckli.

Eigentlicher Skeleton-Star ist aber nicht ein Homo sapiens, sondern ein Eisfossil. Es wurde 1885 Cresta Run getauft und feierte am 16. Februar 2010 als älteste noch existierende Schweizer Sportstätte nach 500 000 erdulteten Fahrten und 50 000 mitverschuldeten Stürzen in St. Moritz seinen 125. Geburtstag. Der Cresta Run, men only, überstand mehr oder weniger problemlos alle Annäherungsversuche der Suffragetten. Das zarte Geschlecht ist seit 1929 in der antiken Eisrinne unerwünscht. Nur in der Klubbar und auf der Tribüne darf es den harten Sport auflockern. Die Gentlemen, vorwiegend aus good old England, machten sich anno 1929 offenbar plötzlich Sorgen um die Gesundheit ihrer Gefährtinnen und behaupteten, bäuchlings bei Tempo 100 erzeuge Brustkrebs. Andere Platzhirsche warnten nach dem vierten oder fünften Scotch (in der Antibabypillen-Vorzeit), gewisse Amazonen könnten den St. Moritzer Schüttelbecher als Abtreibungsarena missbrauchen. Den dritten Grund für den Machismo las ich einst auf einem Schild in der Klubgarderobe: «Cresta Run, wo Frauen keinen Ärger machen und die Geplagten Ruhe finden.»

Im Cresta Run fehlen neben den Frauen auch die Fahrer. Sie heissen dort Riders (English spoken). In der Eisrinne wird geritten, nicht gefahren. Der dazu verwendete Toboggan wiegt 40 Kilos und beschleunigt bis zu 140 km / h. Bahnlänge 1214 m, Höhendifferenz 157 m, 10 Kurven, Rekordzeit 50,09 Sekunden. Das Konkurrenzunternehmen, die Rhätische Bahn, braucht von St. Moritz nach Celerina 4 Minuten und 15 Sekunden länger, ist jedoch billiger. Der spektakulärste Cresta-Rank wird Shuttlecock (Federball) genannt. Dort fliegt gemäss Statistik jeder 14. Rider wie ein Federball ins vorsorglich aufgeschichtete Stroh und wird dank dem vom zuständigen Funktionär amtlich genehmigten Sturz Member of the honorable Shuttlecock Club, darf im exklusiven Clubshop die Krawatte mit den goldenen Federbällen kaufen und damit im St. Moritzer Nachtleben imponieren. Well done, good fall, nice fellow.

Über allem wacht mit Argusaugen der Saint Moritz Tobogganing Club. Er hält seine General Meetings ab, of course in London, und ist so etwas wie eine britische Enklave in Switzerland. Lediglich das Eis stammt aus dem Engadin. Darauf wird von Weihnachten bis Ende Februar Tag für Tag, Stunde um Stunde geridet. Sogar die Londoner «Times» berichtet über die wichtigsten Events. Chairman aller Rider ist zurzeit Sir Brian Williamson. Da Gunter Sachs nur das Schweizer Bürgerrecht besitzt, brachte er es lediglich zum Präsidenten des proletarischen Saint Moritz Bobsleigh Clubs nebenan. Gerne hätte der 1300 mutige Members zählende Tobogganing Club weiland auch Jackie Stewart (Schottland) aufgenommen. Doch als der dreifache Formel-1-Weltmeister mit schlotternden Knien sah, wie die Bauchschlittler auf den bremsenlosen Vehikeln, die Kinnspitze eine handbreit vom stahlharten Eis entfernt, kopfvoran Richtung Celerina ratterten, annullierte der damals schnellste Autofahrer die gebuchte Probefahrt samt Aufnahmegesuch. Too dangerous!

SKELETON

016
017

SKELETON

links | Britische Sportenklave in St. Moritz, James Coates ready to go am Cresta Run. English spoken!

rechts | Erfolgreichster Skeleton Rider ist nichtsdestotrotz kein Engländer, sondern der St. Moritzer Nino Bibbia. Mit 232 Siegen darf er sich Cresta-Run-Rekordhalter «für die Ewigkeit» nennen. Sein schärfster Rivale kommt auf 36 Triumphe…

BOB | **ALS SEPP BENZ NICHT KONNTE**

DAS GEFÄHRT NAMENS BOBSLEIGH IST UNGEFÄHR GLEICH ALT WIE DAS AUTO.

Zuerst war der Schlitten, dann das Rad. Zuerst war der Bobsport, dann kam die Fliegerei. Das Gefährt namens Bobsleigh ist ungefähr gleich alt wie das Auto. Der Kraftwagen stammt aus Deutschland, das motorlose Abwärts-Fahrzeug aus der Schweiz. 1890 bremsten die Bremser in St. Moritz mit einem am Schlitten befestigten Gartenrechen. Bis zum heutigen Hochleistungssport passierte einiges. An der Winterolympiade 1952 in Oslo musste ein Fleischkoloss aus Österreich von seinen Betreuern in den Bob gepresst werden. Die bauchlastigen bayerischen Olympiasieger Anderl Ostler und Lorenz Nieberl wogen zusammen 236,6 Kilos, ihr Boblet hiess «Kognak». Nachts setzten sie das Eistraining in Bars und Nightclubs fort. Kognak on the rocks. Die so gewonnenen Kalorien beschleunigten den Schlitten. Jedes Kilo Mehrgewicht brachte eine Zehntelssekunde Zeitgewinn.

Das wussten schon Jahrzehnte zuvor Eduard Scherrer, Alfred Neveu und die Gebrüder Schläppi. Sie gewannen anno 1924 brav hintereinandersitzend in Chamonix das allererste Schweizer Winterolympia-Gold. Ihr Vorbild fand Nachahmer. Unsere Bobfahrer sind seither unsere zuverlässigsten Medaillenanwärter und bewahrten manche Olympiadelegation vor der Pleite. Obwohl Vertreter einer Randsportart, blieben die Namen der erfolgreichsten Piloten im Gehirn haften: Reto Capadrutt, Felix Endrich, Franz Kapus, Silvio Giobellina, René Stadler, Reto Götschi, Christian Reich, Martin Annen, Ivo Rüegg, Beat Hefti oder Sapporo-Triumphator Jean Wicki. Unvergessen sind vor allem der legendäre Engelberger Fritz Feierabend mit 17 WM- und Olympia-Medaillen und der erfolgreichste Olympia-Goldsammler Gustav Weder aus dem Rheintal. Die heute ebenso wichtigen «Hinterbänkler», früher Bremser, heute Anschieber genannt, kommen meistens nur im Kleingedruckten vor. Es sei denn sie heissen Sepp Benz, Bremser der Nation, oder Hausi Leutenegger, Charmeur der Nation.

Die Bobfahrer-Weltrangliste wird von den Deutschen André Lange und Wolfgang Hoppe angeführt, doch schon an dritter Position folgt laut Statistik seines Bob-Clubs Zürichsee Erich Schärer, das Goldküsten-Bobdenkmal; er machte die Goldküste noch goldiger. Schärer war achtmal Schweizer Meister, viermal Europameister, siebenmal Weltmeister oder Olympiasieger und besitzt als Pilot und Bremser 19 hochkarätige Medaillen in den drei Währungen.

Alles begann im heute betuchten Herrliberg, wo auch Christoph Blocher residiert. Erich wuchs als Bauernbub auf, pflanzte Rüebli, pflückte Äpfel und melkte Kühe. Das gibt einmal ein guter Bauer, lobte Vater Alwin Schärer seinen Jüngsten. Aber Erich wurde Immobilienkaufmann statt Landwirt. Dort, wo einst die Schärer-Kühe weideten, thronen heute fünf grosse Schärer-Wohnblöcke. Die Mietzinse am Zürichsee bringen mehr ein als die Milch und die Kartoffeln und die Rüebli. Wohl deshalb konnten sich die Gebrüder Schärer den aufwändigen Bobsport leisten. Zuerst fuhr der über die Leichtathletik auf den Bob gekommene

Erich zusammen mit seinem drei Jahre älteren Bruder Peter als Passagier auf René Stadlers WM-Vierer. Nach vierjähriger Lehrzeit wollte er selbst steuern und rutschte nach vorn. Erichs Tempo war horrend. Schon ein Jahr später, 1975, pilotierte er in Cervinia den Viererbob Schweiz II zu WM-Gold. Seine Domäne war jedoch der Zweier. Mit dem kleinen Schlitten sicherte er sich Siege en gros. Am Steuerseil sass stets Erich Schärer, die Bremser wechselten jedoch in schneller Folge: Werner Camichel, Peter Schärer, Sepp Benz, Max Rüegg, André Kiser. Mit seinen Partnern war der Steuermann kompromisslos und nahm selbst auf familiäre Bande keine Rücksicht. Als Erich fand, Bruder Peter schiebe den Boblet zu zaghaft an, lud er ihn noch kurz vor der Winterolympiade 1976 aus und holte den schnellen Zürcher Pöstler Sepp Benz an Bord. Mutter Schärer war traurig. Aber Erich brachte zum Trost Silber und Bronze nach Herrliberg. Der Zweck heiligt selbst im ehrenwerten Bobsport die Mittel. Je älter und schlaffer ein Bobpilot wird, desto kräftiger muss der Hinterbänkler sein. Viele Bobrennen werden auf den ersten fünfzig Metern entschieden. Das Wort Bremser war ohnehin irreführend. Aber auch Anschieber, der moderne Terminus, ist ein Understatement. Anstosser wirkt anstössig, Raketenstarter wäre passender.

BOB

16. Februar 1980, Schweiz II, Erich Schärer und Sepp Benz in Lake Placid unterwegs zu Olympia-Gold

Allererstes Schweizer Winterolympia-Gold in Chamonix 1924 für den Bob Schweiz I mit Steuermann Eduard Scherrer, Alfred Neveu, Alfred und Heinrich Schläppi

Erich Schärer war nie ein Angepasster. Er sprach stets Klartext ohne Filter und nannte die Adabeis, von denen es im Bobsport zu viele gibt, beim Namen. Sein Horizont reichte über den Eiskanal und die Steilkurven hinaus, er kannte alle Kniffe, die legalen und jene im Grenzbereich. Schärer interpretierte die Reglemente geschickter als andere, gewann mehr Rennen als andere und tat für den Bobsport in der Schweiz mehr als andere. Vor 34 Jahren half er im Bob-Niemandsland Goldküste ein Bob-Bollwerk aufbauen. Wegen oder dank Urinproblemen… Sepp, Nachname Benz, konnte bei der Dopingkontrolle in Igls das Fläschchen nicht füllen. Minuten verstrichen, Viertelstunden vergingen. Erich Schärer, Zürcher vom Bobclub Davos, wartete zusammen mit einem Journalisten der «Zürichsee-Zeitung» auf seinen Bremser. Als der Gesprächsstoff zu versickern drohte, faselten die beiden von einem neuen Bobklub, von einem Bobklub an ihrem Zürichsee. Als dann Sepp doch noch konnte und endlich zum Duo stiess, wurde er sofort, ohne Gegenstimme, als drittes Mitglied in den künftigen Verein aufgenommen. Noch im gleichen Jahr (1976) erfolgte die offizielle Gründung des rasch zum erfolgreichsten Bobklub Westeuropas aufsteigenden Bob-Clubs Zürichsee. Allerdings muss relativiert werden, wenn von internationalen Boberfolgen die Rede ist. International hat viele Nuancen. Dem internationalen Fussballverband FIFA gehören über 200 Länder oder Pseudoländer an, die Fédération Internationale de Bobsleigh et de Tobogganing FIBT kommt mit Ach und Krach knapp auf ein Drittel. Da und dort besteht der nationale Verband lediglich aus dem Präsidenten, dem Kassier mit der leeren Kasse und der Frau oder Freundin des Präsidenten. Der Präsident ist Steuermann, der Kassier Anschieber und die Frau näht die im Warenhaus gekauften Hoheitszeichen ihres Landes auf Pullover, Blazer und Renndress. Etwa Virgin Islands. Auf der ganzen Welt gibt es vielleicht eine Million Fussballplätze, aber keine zwei Dutzend betriebsbereite Bobbahnen. Für Erich Schärer, 64, ist das heute kein Handikap. Ein Handikap könnte es mental aber werden, wenn der beruflich im Golfbusiness tätige «Profi»-Golfer mit wachsenden Jahrringen dereinst sein stolzes einstelliges Handicap (mit c) verlöre. Hier darf ihm kein Anschieber behilflich sein.

BOB

ZAHLEN, DIE DAS WINTERSPORTLEBEN SCHREIBT	
1889	kuppelte der Engländer W. Smith in St. Moritz zwei Schlitten mit einem Sitzbrett und er nannte sein Gefährt Bob. 1903 wurde gleichenorts die erste Bobbahn der Welt gebaut.
24	Millionen Euro hat das deutsche Bundesinnenministerium zwischen 2008 und 2010 in die sportwissenschaftliche Forschung investiert. Im Wintersport werden die grössten Materialkosten vom Bob verursacht. Der hochmoderne Schlitten, mit dem André Lange an den Olympischen Spielen in Vancouver in der Viererkonkurrenz auf den zweiten Platz fuhr, ist 90 000 Euro teuer.
870 000	Franken kostete das Projekt der ETH Zürich Foundation zur Entwicklung eines Schweizer Bobschlittens für die Olympischen Spiele in Vancouver. Hinzu kamen Material- und Arbeitsleistungen von elf Industriepartnern und vom Schweizer Bobverband in gleicher Höhe. Ausserdem beteiligten sich die ETH mit 20 Mitarbeitern und Personalkosten von rund 500 000 Franken. Macht total: 2,24 Mio Franken. Der Return on Investement war gleich null. Erstmals seit 1964 blieben die Schweizer Bobfahrer ohne Olympia-Medaille.

EISKUNSTLAUF | **DIE PIROUETTEN-WUNDER**

ZWEIMAL WM-GOLD, EINMAL OLYMPIA-SILBER. DAMIT IST STEPHANE LAMBIEL DER ERFOLGREICHSTE SCHWEIZER EISKUNSTLÄUFER ALLER ZEITEN. SEINE PIROUETTEN VERDREHEN DEN FANS DEN KOPF.

«Stéphane Lambiel ist ein herausragender Künstler und ein Pirouetten-Genie», sagt die (sowjet-)russische Trainerlegende Alexei Nikolaewitsch Mischin. «Er ist von den modernen Eiskunstlauf-Regeln erwürgt worden. Sein Rücktritt ist ein immenser Verlust für den Sport.»

Tatsächlich hinterliess der heute 25-jährige Walliser eine grosse Lücke, als er sich am 16. Oktober 2008 verletzungsbedingt (erstmals) vom Wettkampfsport zurückzog. Denn seit Denise Biellmann, der Welt- und Europameisterin von 1981, hatte der Schweizer Eiskunstlauf kein grösseres und erfolgreicheres Talent hervorgebracht. Mit seiner Ausstrahlung, seinem Charme, seiner Bühnenpräsenz und seinen künstlerischen Werten setzte der Sohn einer Portugiesin und eines Schweizers internationale Massstäbe – und führte seinen Sport in neue Sphären. Sein Stern ging an den Europameisterschaften 2001 in Bratislava auf. Mit spielerischer Eleganz und läuferischer Souplesse tanzte er sich in die Herzen der Fans und schaffte den Sprung in die Top Ten. Die Fachwelt staunte – und erlebte ein Jahr später einen weiteren Exploit des filigranen Himmelstürmers. An den europäischen Titelkämpfen in Lausanne – im zarten Alter von 16 – lief Lambiel auf den sensationellen vierten Platz. Als wegweisenden Wettkampf bezeichnet er die WM 2004 in Dortmund, als er die Bronzemedaille nur knapp verpasste: «Dieser 4. Platz gab mir die Gewissheit, dass ich den Sprung in die Weltspitze schaffen kann.» Gesagt, getan. Der erste grosse Höhepunkt folgte 2005. In der russischen Metropole Moskau, dem Hoheitsgebiet seines grossen Rivalen Jewgeni Pluschenko, schwebte Lambiel unter den Augen der begeisterten Zuschauer förmlich übers Eis. Als einzigem Läufer gelangen ihm zwei fehlerfreie vierfache Toeloops. In Kombination mit seinen grandiosen, fast im Überschalltempo gedrehten Pirouetten liess er sämtliche Konkurrenten hinter sich. Mit 20 Jahren war Lambiel ganz oben. Dass Pluschenko nach dem Kurzprogramm verletzungsbedingt hatte aufgeben müssen, schmälerte seine Leistung in keiner Weise. Die Begeisterung in der Schweiz kannte fast keine Grenzen. Plötzlich war der Eiskunstlaufsport der Männer, der hierzulande während Jahrzehnten ein Schattendasein gefristet hatte, in aller Munde. Einer der ersten Gratulanten war ein Mann, der den sportlichen Wert sehr genau einschätzen konnte: Hans Gerschwiler, 57 Jahre zuvor bisher einziger Eiskunstlauf-Weltmeister aus der Schweiz.

Ein Jahr später schloss Lambiel auch auf olympischem Glatteis zu seinem Vorgänger auf. Wie Gerschwiler 1948 in St. Moritz gewann Lambiel 2006 Olympia-Silber – trotz einer Aussenbandüberdehnung am rechten Knie. Erstmals überhaupt zeigte er dabei in der Kür eine Vierfach-Toeloop-Dreifach-Toeloop-Kombination. In einem Wettkampf auf höchstem Niveau war nur Pluschenko noch stärker. Zum Verhältnis zu seinem russischen Widersacher sagt Lambiel: «Wir haben einen guten Kontakt zueinander und puschen uns gegenseitig zu Höchstleistungen – sogar an Showanlässen. Konkurrenz belebt das Geschäft.» An der

Rotationen fast im Überschalltempo: Keiner dreht die Pirouetten schöner und schneller als Stéphane Lambiel.

024
025

EISKUNSTLAUF

Der Showman –
für Lambiel ist Eiskunst-
laufen Kunst auf Eis

026
027

EISKUNSTLAUF

links | Hans Gerschwiler ist der erste Überflieger auf Schweizer Eis.

rechts | Die «Biellmann-Pirouette» – ein Schweizer Qualitätslabel für die Ewigkeit

folgenden WM gehörte das Scheinwerferlicht dann aber wieder ganz dem Schweizer. In Abwesenheit Pluschenkos errang Lambiel in Calgary seinen zweiten WM-Titel. «Le petit prince devenu roi», schrieb die Westschweizer Presse entzückt. «Das war der beste Wettkampf meines Lebens», so Lambiel heute. «Innerhalb einer Woche gelangen mir in der Qualifikation, im Kurzprogramm und in der Kür drei perfekte Programme.»

2007 geriet Lambiels Karriere erstmals leicht ins Stocken. Wegen Motivationsproblemen sagte der sensible Kufen-Virtucse die EM-Teilnahme ab. Und an der WM in Tokio musste er sich nach einem verpatzten Kurzprogramm mit dem dritten Platz begnügen. Trotzdem war dieser Wettkampf ein weiterer Meilenstein in der Karriere des Showmans. In der Kür zeigte er erstmals seine lang erwartete Flamenco-Nummer und verdrehte damit den japanischen Fans den Kopf. Im Tokio Metropolitan Gymnasium regnete es roten Rosen. Die Eiskunstlauf-Szene war hin und weg. Spätestens in diesem Moment wurde aus dem Spitzensportler Lambiel der Entertainer Lambiel. Der Kampf um Jury-Gunst und Wertungspunkte schien ihn je länger je mehr in seinem künstlerischen Freidenken und der schier unerschöpflichen Kreativität zu blockieren. An der WM 2008 in Göteborg kollidierte er endgültig mit dem Schablonendenken der konservativen Juroren. Ein unverständlicher Wertungsentscheid im Kurzprogramm raubte ihm Konzentration und Freude. Der fünfte Platz war das schlechteste Resultat seit vier Jahren. Die hohe Belastung forderte auch ihren physischen Preis. Anhaltende Oberschenkelprobleme veranlassen Lambiel 2008 zum Rücktritt. «Der Held gibt auf, bevor die Krone erobert ist», schrieb die «NZZ» in einer Mischung aus Enttäuschung und Unverständnis über den frühen Zeitpunkt. Neun Monate später waren die Zeilen Makulatur. Lambiel, der seine Kostüme selber entwirft und auch Choreographie-Ideen liefert, kündigte sein Comeback an – im Hinblick auf die Olympischen Spiele in Vancouver.

Doch das Rad der Zeit konnte der sympathische Walliser nicht mehr zurückdrehen. Zwar schaffte er den Anschluss an die Weltspitze mit der ihm angeborenen Leichtigkeit, doch als in Vancouver die Stunde der Wahrheit schlug, bekam er schonungslos den Spiegel vorgesetzt: Sprunggewalt und Athletik stehen im modernen Eislaufsport über Grazie und Esprit. Lambiel wurde von den Juroren mit dem 4. Platz bestraft. Trotzdem bereut er den Entscheid zum Comeback nicht: «Hätte ich mich nicht auf Vancouver vorbereitet, hätte ich meine Adduktoren- und Oberschenkelverletzungen nicht derart sorgfältig gepflegt. So gesehen haben mir die Olympischen Spiele quasi eine neue Gesundheit geschenkt.» Dennoch war Vancouver das Ende von Stéphane Lambiel als Wettkampfsportler. Eine neuerliche Rückkehr – im Hinblick auf die Olympischen Spiele in Sotschi 2014 schliesst er aus. «Wenn ich dabei bin, nur als Choreograph für einen anderen Läufer.» Verzichten müssen die Fans auf Stéphane Lambiel aber nicht. An Showanlässen und Eisgalas kann der kleine Prinz weiterhin seinen Traum leben – und das Eiskunstlaufen als das interpretieren, als was es gedacht ist: Kunst auf Eis.

ZAHLEN, DIE DAS WINTERSPORTLEBEN SCHREIBT	
0.8	Sekunden beträgt die Flugdauer eines Eiskunstläufers bei einem Vierfachsprung.
1882	an den ersten internationalen Eiskunstlaufwettkämpfen in Wien zeigte der Norweger Axel Paulsen einen neuen Sprung – den «Axel». Trotz des hohen Schwierigkeitsgrades reichte es hinter den Österreichern Leopold Frey und Eduard Engelmann nur zu Platz 3. Paulsen war auch Inhaber von vier Weltrekorden im Eisschnelllaufen.

028
029

EISKUNSTLAUF

Silber, das wie Gold strahlt.
An den Olympischen
Spielen 2006 läuft Lambiel
auf den zweiten Platz.
Neben ihm (v. l.) auf dem
Podest Sieger Jewgeni
Pluschenko (Russland) und
Bronzemedaillengewinner
Jeffrey Buttle (Kanada)

EISHOCKEY | **VON NI BIS ER – LEGENDÄRE HOCKEYANER**

DER NI-STURM BIBI TORRIANI WOLLTE EIGENTLICH EISKUNSTLÄUFER WERDEN. DOCH DANN EROBERTE ER MIT HANS UND FERDINAND CATTINI DIE EISHOCKEY-RINKS IM STURM.

Die Frage nach dem besten Schweizer Eishockeyspieler aller Zeiten ist gleichsam faszinierend wie polarisierend. Sie löst hitzige Diskussionen aus, führt aber kaum je zu einer befriedigenden Antwort. Zu stark hat sich der Sport in den letzten 100 Jahren entwickelt, zu unterschiedlich sind die Anforderungen an die Helden von damals und heute.

An einem Sportler führt im Generationen übergreifenden Qualitätsvergleich aber kein Weg vorbei – an Bibi Torriani, dem Filigrantechniker aus St. Moritz und dem einzigen Schweizer Eishockeyspieler, der je den Olympischen Eid sprechen durfte (1948). Seine Eltern gaben ihm 1911 eigentlich den Namen Richard. Weil Torriani aber das jüngste von sechs Kindern war – quasi das Küken – nannten sie ihn Bibi. Bibi war ein Bub von graziler Gestalt und mit künstlerischem Flair. Er wollte Eiskunstläufer werden wie sein grosses Idol, der Schwede Ulrich Salchow. Dessen berühmten Salchowsprung beherrschte er bereits – und führte ihn auf der St. Moritzer Natureisbahn immer wieder vor. Doch von den Eishockeyjunioren auf dem Nachbarfeld erntete Bibi nur Spott und Hohn.

Das mochte er nicht auf sich sitzen lassen und griff selber zu Stock und Puck. Das Gespött blieb den Eishockeybuben im Hals stecken. Bibi avancierte sozusagen aus dem Stand vom Eiskunstläufer zum Eishockey-Künstler. Das entging im Vorfeld der Olympischen Winterspiele 1928 in St. Moritz auch den Verbandsoberen nicht. Als die Nationalmannschaft einen letzten Test gegen die zuvor ausgemusterten Spieler absolvierte, schoss Bibi alle Tore zum 4:1 Sieg – für die B-Auswahl. Nationaltrainer Bobby Bell reagierte prompt und änderte in Absprache mit dem Verbandskassier sein Aufgebot. Weil das Wunderkind zu Hause wohnen konnte und keine Kosten verursachte, durfte es mit 16 Jahren (und nur 56 Kilogramm auf den Rippen) mit den Grossen aufs Eis.

Das Wunderkind entwickelte sich schnell zum Wunderspieler. Torriani, ein sportlicher Alleskönner, der auch im Tennis, Radfahren, Landhockey und Schlitteln eine grosse Karriere hätte machen können, wanderte nach Davos aus und legte dort die Basis zu einer beispiellosen Erfolgsserie. 16 Mal gewann er mit dem HCD den Meistertitel. Der eleganteste Puckvirtuose seiner Zeit kämpfte dreimal in Europas Allstar-Team gegen die übermächtigen Kanadier und spielte zwei Jahrzehnte auf höchstem Niveau. Seine Nationalmannschafts-Premiere und -Derniere waren auf dem gleichen Eis und beim gleichen Topereignis: Olympische Winterspiele 1928 in St. Moritz, Olympische Winterspiele 1948 in St. Moritz. Torriani war für die damaligen Verhältnisse ein Superstar. Doch er liess neben sich auch andere brillieren. 1930 holte er den 16-jährigen Hans Cattini in die erste HCD-Mannschaft. 1933 stiess dessen 17-jähriger Bruder Ferdinand dazu. Er war der Piccolo des Terzetts und wurde «Pic» gerufen. Der legendäre Davoser «ni-Sturm» war geboren – mit Hans als genialem

030
031

EISHOCKEY

oben | Bibi Torriani (l.) im Vorwärtsgang. Der St. Moritzer führt die Schweiz 1941 auf dem Dolder zum 3:1 gegen Deutschland.

unten | Hans Cattini, Bibi Torriani, Pic Cattini (v.l.) 1938 mit dem Meisterpokal

EISHOCKEY

Vordenker, Bibi als Supertechniker und Pic als gnadenlosem Vollstrecker, der die Tore mit der Präzision eines Schweizer Uhrwerks produzierte.

Cattini-Torriani-Cattini lösten mit hundert einstudierten Varianten in den gegnerischen Abwehrreihen das grosse Chaos aus und spielten die Gegner mit entwaffnender Regelmässigkeit schwindlig. Mit zwei EM-Titeln und einer Olympia-Bronzemedaille hinterliessen sie auch international unauslöschliche Spuren. In insgesamt 329 Länderspielen schoss die geniale Sturmreihe 252 Tore – Ferdinand 92, Richard 86, Hans 74. Ihr Kombinationsspiel setzte Massstäbe, die noch Jahrzehnte später galten und erst von der Sowjet-Auswahl in den 60er-Jahren wieder erreicht wurde. National dauerte es noch viel länger. Eishockeyromantiker mit gutem Gedächtnis behaupten, erst Slava Bykow und Andrej Chomutow hätten (60 Jahre später) auf den Schweizer Eisfeldern eine ähnliche Magie verbreitet.

DER AROSER STURM ZWISCHEN 1951 UND 1957 GEWANN DER EHC AROSA SIEBEN MEISTERTITEL. AN DER BASIS STAND EINE DER SPEKTAKULÄRSTEN STURMREIHEN ALLER ZEITEN – DIE «FAMILIENBANDE» MIT UELI UND GEBHARDT «GEBI» POLTERA UND HANS-MARTIN TREPP.

1986 endete eines der glorreichsten Kapitel des Schweizer Eishockeys abrupt: Peter Bossert, Präsident des EHC Arosa, stieg mit dem neunfachen Schweizer Meister aus wirtschaftlichen Überlegungen freiwillig in die 1. Liga ab. Seither dümpelt der Verein in der Anonymität der Amateurklasse. Geblieben sind die Erinnerungen an eine der spektakulärsten Erfolgsserien im Schweizer Sport: Zwischen 1951 und 1957 holte Arosa den Meisterbecher sieben Mal ins Schanfigg. Ursprung der Triumphe war ein reiner Familien-Sturm, der auf Schweizer Eis zwischen 1939 und 1957 in unveränderter Formation tiefste Spuren hinterliess – die Brüder Ueli und Gebhardt «Gebi» Poltera und Cousin Hans-Martin Trepp. Die Familienbande debütierte im Teenager-Alter in der ersten Mannschaft, stieg mit ihr in die Nationalliga A auf und stiess 1951 den ewigen Meister Davos vom Thron.

links | Ein «Velo-Käppli» als Kopfschutz: Gebi Poltera bei einem Meisterschaftsspiel mit Arosa 1948

rechts | Gebi Poltera (m.) im Laufduell mit einem Spieler des SC Bern. Trepp (liegend) hat für einmal das Gleichgewicht verloren.

034
035

EISHOCKEY

Verschnaufpause:
Hans-Martin Trepp,
Ueli und Gebi Poltera (v. r.)
während eines Meister-
schaftsspiels 1956

Grosser Star war Trepp, gelernter Coiffeur, Skilehrer, Golflehrer, Tennislehrer, kurzfristig Hotelier und vor allem begnadeter Eishockeyspieler. Es gab in der Schweiz zu seinen Zeiten keinen schnelleren, eleganteren und spektakuläreren Kufenakrobaten. Der rechte Flügel nahm Anlauf hinter dem eigenen Tor, schwebte in Höchstgeschwindigkeit übers Eis, degradierte die Gegner zu Statisten, zog ums gegnerische Gehäuse und krönte nach zwei, drei Finten den überfallartigen Vorstoss mit dem Trepp-Spezial «Buebetrickli». Auch statistisch setzte der blonde Frauenschwarm Massstäbe: Während der Aroser Meisterjahre erzielte er durchschnittlich drei Treffer pro Spiel. Dass der Ausnahmekönner den Ruf des eigenwilligen Individualisten hatte, sorgte abseits des Eises gelegentlich auch unter dem «Trio Grande» für

Die Schweizer Nationalmannschaft gewinnt 1939 in Basel den EM-Titel: Hugo Müller, Reto Delon, Bibi Torriani, Pic Cattini, Hitsch Badrutt, Franz Geromini, Beat Rüedi, Charly Kessler, Heini Lohrer und Herbert Kessler (v. r.)

Disharmonie. Auf dem Feld funktionierte das Zusammenspiel aber perfekt. Ueli und Gebi ergänzten ihren populären Cousin ideal. Mittelstürmer Ueli war der Vollstrecker – quasi der Gerd Müller jener Tage. Er besass den untrüglichen Torinstinkt, stand meistens dort, wo der Puck hinflog, verwertete Zuspiele und Abpraller, düpierte mit seinem berüchtigten Handgelenkschuss auch die europäischen Goalies. 1957 verabschiedete er sich als 35-Jähriger im 111. Länderspiel mit seinem 112. Tor. An der Weltmeisterschaft 1950 in London traf Ueli Poltera 16 Mal und gewann die Auszeichnung des Torschützenkönigs. Viele seiner Volltreffer verdankte er seinem Bruder Gebi, dem defensiven linken Flügel, der im Hintergrund als Denker und Lenker den Schlüsselpart in diesem genialen Terzett spielte. Gebi Poltera war einer der ersten Schweizer Zweiwegstürmer und stand auch deshalb oft im Schatten seiner Sturmpartner. Wenn Alleinunterhalter Trepp zum Tanz bat, trat Gebi auf die Bremse und sicherte den Rückraum, stoppte im Bedarfsfall den Gegenangriff und schickte seinen Bruder auf die Umlaufbahn. Die Rollen waren verteilt: Trepp brillierte, Ueli skorte und Gebi legte die handwerkliche Basis für die Gala. Zusammen absolvierten die drei 313 Länderspiele. Sie gewannen 1948 Olympia-Bronze und 1950 den EM-Titel.

Während sich Ueli Poltera 1957 nach einer Augenoperation als Wirt in sein neben der Eisbahn gelegenes Restaurant zurückzog, verstärkten Trepp und Gebi noch im reifen Alter die Aroser Mannschaft – wenn auch mit schwindenden Erfolgen. Mit nur 48 Jahren starb Trepp. Ein Sturz in den eigenen vier Wänden beendete 1970 das Leben des einst vergötterten Stars.

DER ZSC- UND DER ER-STURM CHARLY KESSLER, HERBERT KESSLER, HEINI LOHRER. DREI HERUNTERGEKOMMENE BÜNDNER SORGTEN FÜR DEN ERSTEN HÖHENFLUG IM ZÜRCHER EISHOCKEY.

Das Stadtzürcher Eishockey verdankt seine grössten Erfolge vor allem den personellen Ressourcen aus dem Kanton Graubünden. Auch der legendäre er-Sturm – eine der schlagkräftigsten Angriffs-Formationen der Schweizer Eishockey-Geschichte – setzte sich aus einem Trio «heruntergekommener Bündner» zusammen.

Während der Wirtschaftskrise in den Dreissigerjahren suchten viele Bewohner von Randregionen, vorab aus darbenden Bergkantonen, Arbeit in den grossen Städten. So schrieb der Davoser Eishockeyspieler Charly Kessler dem ZSC-Präsidenten Max Reutter einen Brief und bewarb sich um eine Stelle in dessen Bank. Reutter sagte zu, Charly Kessler dislozierte nach Zürich. Später folgte ihm sein jüngerer Bruder Herbert. Doch für eine komplette Sturmlinie fehlte noch ein Mann. Max Reutter verbrachte 1933 die Winterferien in Arosa und stiess dort auf einen 16-jährigen Jüngling, der auf Schlittschuhen mit Stock und Puck alle Kollegen austrickste – Heini Lohrer. Reutter fackelte nicht lange, stellte Lohrer als kaufmännischen Lehrling auf seiner Bank ein und liess ihn auf der Dolder-Kunsteisbahn sein sportliches Können demonstrieren.

Das Aroser Talent mischte die Zürcher Szene gehörig auf, avancierte im ZSC-Trikot zum grossen Star und lief bald auch der internationalen Konkurrenz um die Ohren. Heini Lohrer entwickelte sich zum technisch wohl besten und schnellsten Center Europas – und er verdrehte als genialer Spielmacher den Zürcher Fans den Kopf. Kessler-Lohrer-Kessler führten den ZSC 1936 gegen den scheinbar unschlagbaren HCD erstmals zum Schweizer Meistertitel. Am 29. November des gleichen Jahres debütierten sie gegen die Tschechoslowakei in der Nationalmannschaft. Die Osteuropäer führten 1:0. Der ni-Sturm, der die weitaus meiste Eiszeit beanspruchte und das Tor pausenlos belagerte, verlor den Mut und überliess der ZSC-Fraktion das Eis. Mit durchschlagendem Erfolg – wie in den Chroniken nachzulesen ist:

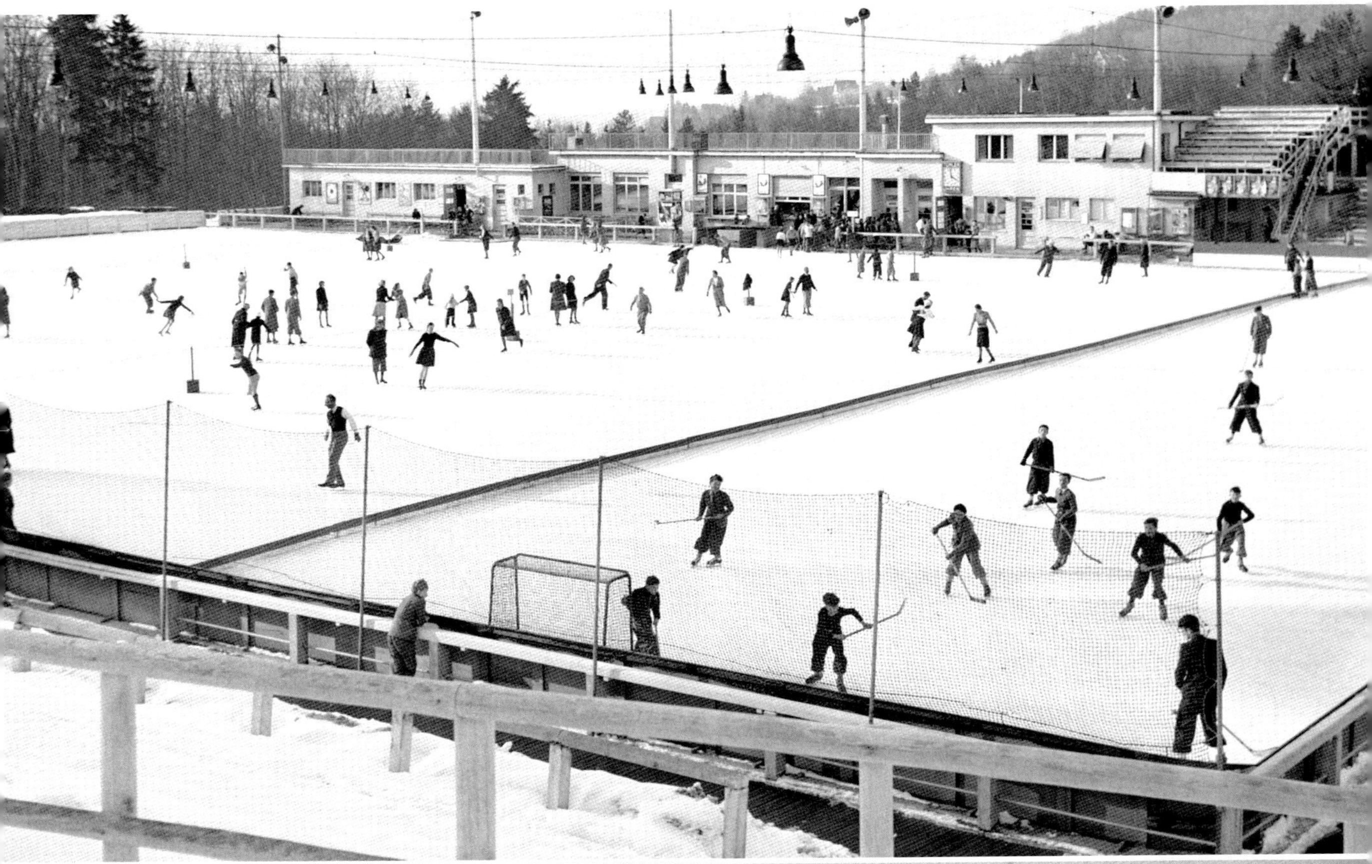

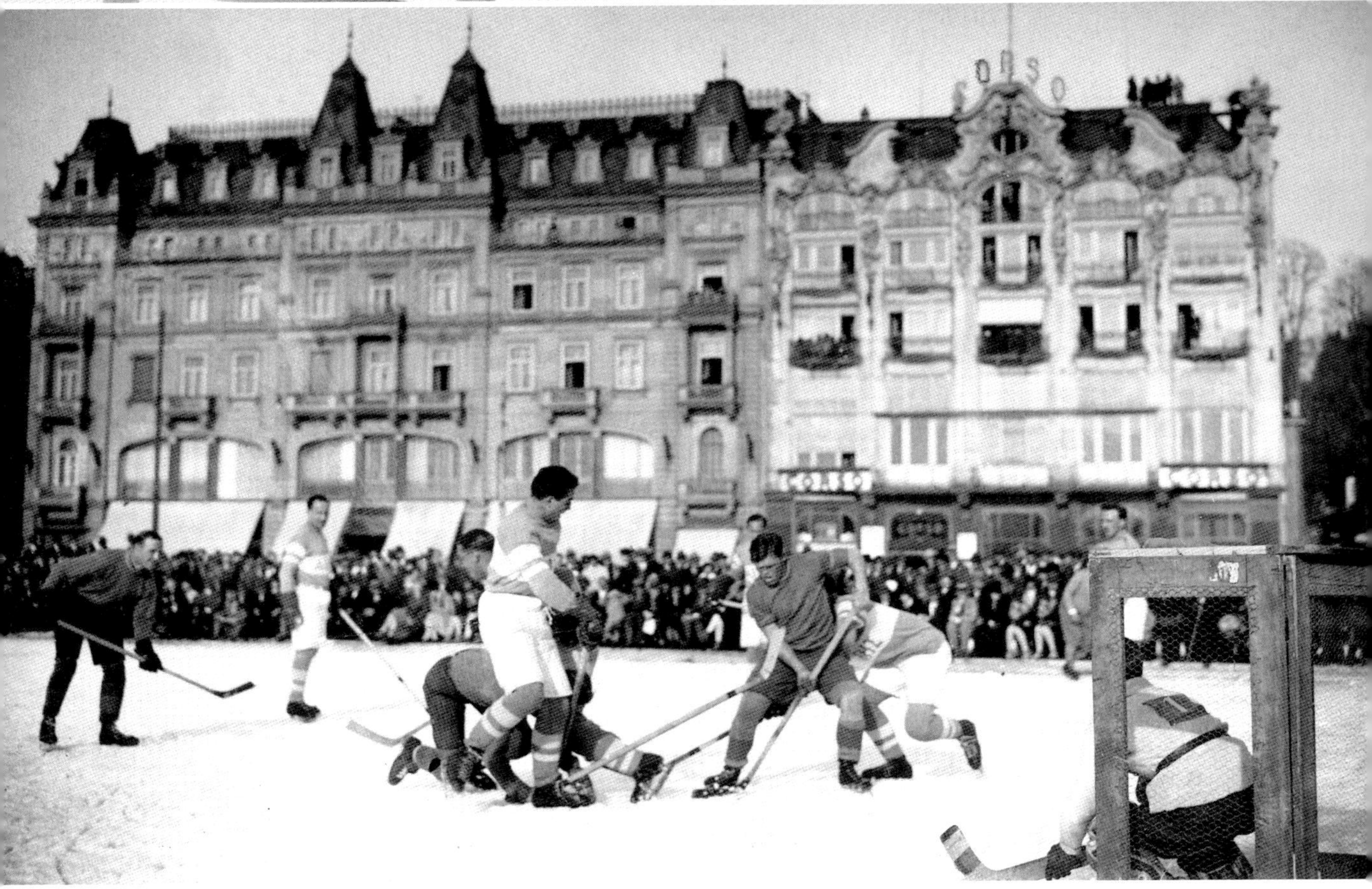
CORSO
CORSO
CORSO

«Es läuft die letzte Minute. Charly zu Heini, Heini zu Herbert, Schuss, Tor, überwältigender Jubel.» Der er-Sturm wurde innert Sekunden zum Schweizer Eishockey-Markenzeichen. Mutter Lohrer schickte als Anerkennung ein Poulet von Arosa nach Zürich.

Obwohl die Wahlzürcher im Nationalteam vorwiegend defensive Aufgaben erfüllen mussten, schossen sie zusammengezählt in 228 Länderspielen 95 Tore. Heini Lohrer spielte von 1935 bis 1949 für den ZSC, Charly Kessler von 1931 bis 1943, Herbert von 1935 bis 1946. Charly sagte als erster «Adieu». Er zog nach Bern, wo er bei der Eidgenössischen Steuerverwaltung eine krisenfeste Stelle erhielt.

Heini Lohrer, der im Engadin über 800 Tage Aktivdienst leistete, hatte jedoch bereits den Kessler-Nachfolger entdeckt – Fredy Bieler. Der Jung-Kaufmann spielte auf der St. Moritzer Kulm-Eisbahn seine Alterskollegen schwindlig. Bieler folgte Lohrers Ruf und war bald ZSC-Mitglied. Und weil sein Name perfekt ins Schema passte, hiess der neue er-Sturm Bieler-Lohrer-Kessler. Herbert Kessler starb 1966 beim Schneeschaufeln in Davos. Heini Lohrer und Fredy Bieler machten nach EM-Gold und Olympia-Bronze auch im bekannten Oerliker Unternehmen Jost AG Karriere. Der er-Sturm brillierte während eines Vierteljahrhunderts – in verschiedensten Formationen. Neben Kessler, Lohrer und Bieler schafften der Davoser Otto Schläpfer und als einziger Unterländer der Zürcher Goldschmied Otto Schubiger den Aufstieg in den erlauchten Kreis. Aber der Center war immer der gleiche: Heini Lohrer.

038
039

EISHOCKEY

ZAHLEN, DIE DAS WINTERSPORTLEBEN SCHREIBT	
1930	Am 5. Dezember wurde auf dem Zürcher Dolder die erste Kunsteisbahn der Schweiz mit dem Eishockey-Derby Zürcher SC – Grasshopper-Club eröffnet. GC offenbarte auf der neuen Unterlage erhebliche Standschwierigkeiten und verlor 1:14. Zwanzig Jahre später erhielt der ZSC als erster Schweizer Klub im Hallenstadion ein Dach über dem Kopf. Die Indoor-Premiere gegen Arosa endete am 18. November salomonisch 5:5.

oben | Im Winter 1928 / 29 herrscht «Seegfrörni». Auf der Sechseläutenwiese finden die ersten Eishockeyspiele in der Stadt Zürich statt. Das frierende Publikum ist begeistert.

unten | Der 1930 eröffnete Zürcher Dolder ist die älteste Kunsteisbahn der Schweiz.

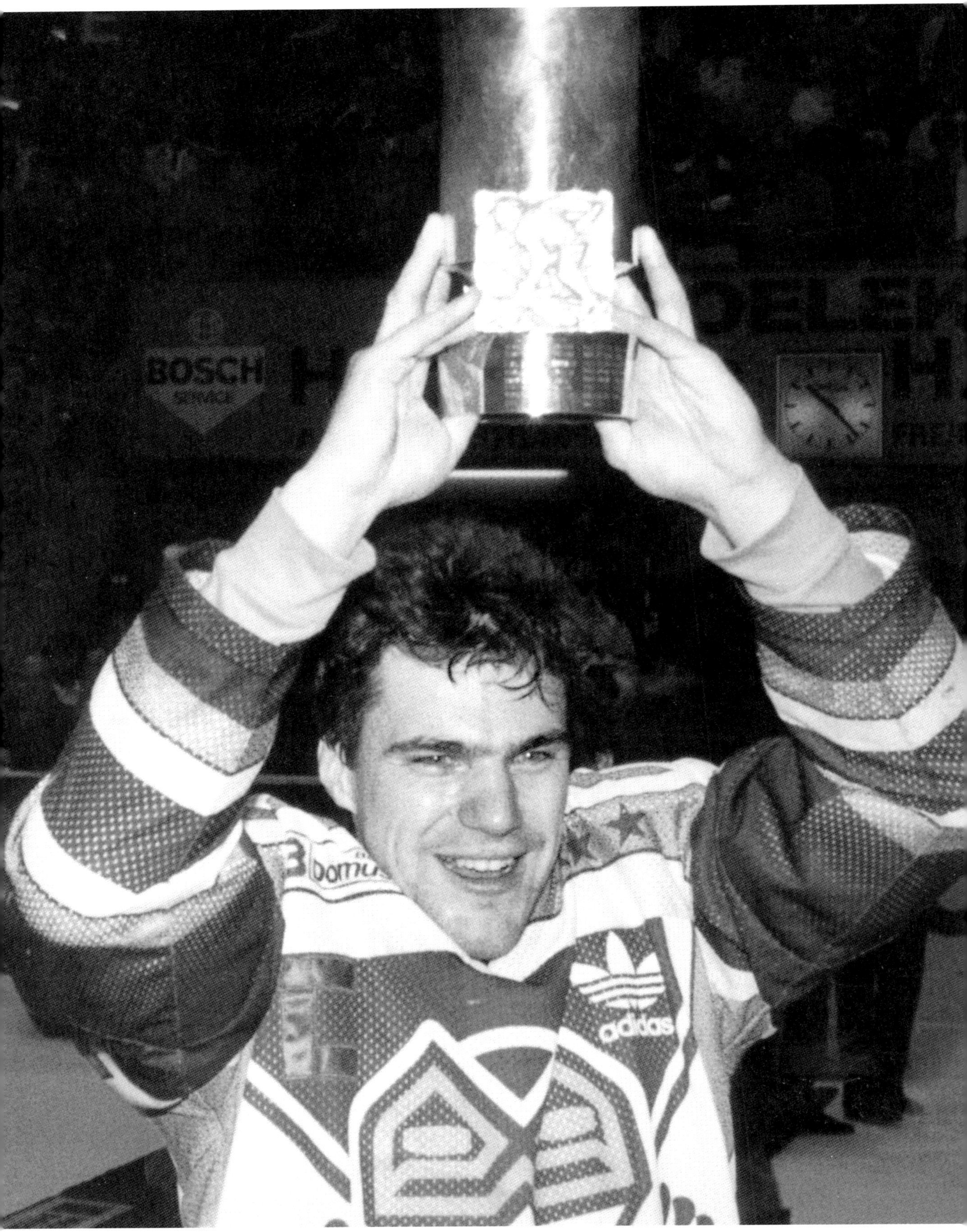
BOSCH
adidas

DER ERSTE PROFI VOM GEFRORENEN WEIHER IN HERISAU ZUM GRANDE LUGANO. JÖRG EBERLE FÜHRTE DAS SCHWEIZER EISHOCKEY IN EINE NEUE ÄRA.

1920 wurden – im Rahmen der Sommerspiele von Antwerpen – erstmals Olympia-Medaillen im Eishockey vergeben. Die Verantwortung für die Schweizer Mannschaft lag in den Händen von Max Sillig – gleichzeitig Präsident, Delegationsleiter, Kassier, Trainer, Captain und Stürmer. Der Universalfunktionär reiste mit acht Teamkollegen an und verfügte über ein Budget von 800 Franken – für zehn Tage. Die sportliche Bilanz entsprach den finanziellen Möglichkeiten. Die Schweiz musste nach den Pleiten gegen die USA (0:29) und Schweden (0:4) ohne Torerfolg die Heimreise antreten.

Heute ist der Abstand zu den Topnationen kleiner – was auch auf ein besseres wirtschaftliches Umfeld zurückzuführen ist. Für 800 Franken würde ein ambitionierter Schweizer Eishockeyspieler nicht einmal mehr die Schlittschuhe schnüren. Die Professionalisierung des Spiels mit Puck und Stock geht in der Schweiz auf die Ära des «Grande Lugano» in den 1980er-Jahren zurück. Der milliardenschwere Generalunternehmer Geo Mantegazza legte das pekuniäre Fundament. Der schwedische Eishockey-Lehrer John Slettvoll machte Bares zu sportlichem Gold. Im Zentrum eines der spannendsten Kapitel des Schweizer Wintersports stand auch ein Jüngling aus dem Appenzellischen – Jörg Eberle. 1982 – im Alter von 20 Jahren - unterschrieb er in Lugano seinen ersten (mit jährlich 70 000 Franken dotierten) Vertrag in der Elite und avancierte zum Vorkämpfer der ersten Schweizer Profigeneration. Eberles Bedeutung auf helvetischem Glatteis spiegelt sich in der Statistik: 728 Nationalligaspiele, sieben Meistertitel (vier mit Lugano, zwei mit Davos und einer mit Zug), 196 Länderspiele, zwei Olympia- und elf WM-Teilnahmen, 459 Tore in der Meisterschaft und für das Nationalteam.

Eishockeyspielen lernte Eberle zusammen mit seinen Brüdern auf einem gefrorenen Weiher in Herisau. Mit 14 Jahren gab er seinen Einstand in der Zweitliga-Mannschaft des lokalen SC. Er stieg mit seinem Stammverein gleich in die 1. Liga auf – drei Jahre später in die zweithöchste Klasse. Es war die Zeit, als der spätere Bundesrat Hans-Rudolf Merz als Präsident im Appenzeller Klub das Sagen hatte. An die Verhandlungen, die Eberle 1981 mit seinem damaligen Chef geführt hat, erinnert er sich mit einem Schmunzeln: «Es ging zu jenen Zeiten nicht um viel Geld, trotzdem war Hans-Rudolf Merz schon damals ein harter Gesprächspartner. Zum Wohle des Vereins drehte er immer jeden Franken zweimal um, bevor er ihn ausgab.»

Der Musterathlet Eberle entwuchs den beschaulichen Verhältnissen in Herisau aber schnell. Er schaffte noch vor seinem Wechsel nach Lugano das Kunststück, sich als Nationalliga-B-Spieler in der Nationalmannschaft zu etablieren. Eberle war Vollstrecker und Vorarbeiter zugleich. Mit seiner Disziplin und dem kaum zu bändigenden Ehrgeiz setzte er Massstäbe. In einer der turbulentesten Zeiten der Nationalmannschaft gehörte er zu den wenigen Konstanten. 1983 stand er mit der Landesauswahl am Abgrund zur C-Gruppe. 1992 stiess er an der A-WM in Prag bis in den Halbfinal vor. Es war zu einer Zeit, als die Elite im Welteishockey noch aus einem erlauchten Kreis von zwölf Teams bestand. Es ist bis heute das wertvollste Resultat der Neuzeit geblieben. Seinen letzten grossen Erfolg feierte Eberle 1998 als Schweizer Meister mit dem EV Zug. Eine Saison später trat er als Spieler von der Bühne ab – 23 Jahre nachdem er in der ersten Mannschaft des SC Herisau debütiert hatte.

EISHOCKEY

Jörg Eberle: Ein Appenzeller erobert mit Lugano das Schweizer Eishockey.

EISBRECHER IN NORDAMERIKA DAS SCHWEIZER EISHOCKEY SCHAFFTE DEN SPRUNG ÜBER DEN ATLANTIK. PAULI JAKS SEI DANK.

Das erste Gastspiel eines Schweizers in der National Hockey League war eine Stippvisite: Pauli Jaks, Torhüter mit sportlichen Wurzeln in Ambri und kurzfristigem Engagement in Los Angeles, wurde am 29. Januar 1995 im Spiel der LA Kings gegen die Chicago Blackhwaks beim Stand von 1:4 nach dem Startdrittel eingewechselt. Jaks wehrte in den restlichen 40 Minuten 23 von 25 Schüssen ab, musste aber trotzdem als Verlierer (3:6) vom Eis. Sein erster NHL-Einsatz war auch sein letzter. Denn mit der Rückkehr von (zuvor verletzten) Kelly Hrudey und Rob Stauber war die Goalie-Hierarchie bei den Kings wieder zementiert. Und trotzdem hatte Jaks Kürzest-Karriere in der NHL Signalwirkung. Sie machte deutlich, dass die beste Liga der Welt selbst für Spieler aus dem Eishockey-Schwellenland Schweiz nicht unerreichbar ist, dass es sich lohnen kann, auf Kosten einer «Lebensstellung» in der geschützten Werkstatt der heimischen Nationalliga A in Nordamerika auf dem beschwerlichen Umweg über die «Minor Leagues» das grosse sportliche Glück zu suchen.

Der erste, der dies mit letzter Konsequenz umsetzte, war der Freiburger Goalie David Aebischer. Der damals 20-jährige Junioren-Internationale holte Anlauf ganz unten – in der East Coast Hockey League (ECHL), wo sich im nordamerikanischen Eishockey Fuchs und Hase «Gute Nacht» sagen, wo wesentlich mehr Träume platzen und Knochen brechen als grosse Karrieren beginnen, wo genagelt statt gezaubert wird. Insgesamt 27 Partien spielte Aebischer für die Chesapeake Icebreakers und die Wheeling Nailers.

Doch der Freiburger klammerte sich an seine Chance. Mit unschweizerischer Beharrlichkeit – und Erfolg. Er wurde zum Stammtorhüter der Hershey Bears in der American Hockey League befördert. Dort überzeugte er die Verantwortlichen der Colorado Avalanche. Ab der Saison 2000 / 01 stand Aebischer im NHL-Team unter Vertrag – zunächst als Nummer 2 hinter der kanadischen Goalie-Legende Patrick Roy, in der Saison 2003 / 04 als Stammtorhüter. Auf dem Weg zum Stanley-Cup-Sieg 2000 / 01 absolvierte er immerhin 26 Partien. Am 26. Oktober 2000 kam es zum ersten Schweizer Duell in der NHL – zwischen Aebischer und Reto von Arx, der sein Glück bei den Chicago Blackhawks suchte und ein paar Wochen zuvor als erster Schweizer einen Treffer in der NHL erzielt hatte. Doch an diesem Abend blieb von Arx ohne Fortune. Colorado siegte 2:0. Es war rückblickend ein Verdikt von symbolischer Bedeutung. Während Aebischer in seiner knapp siebenjährigen NHL-Karriere 214 Partien bestritt, wurde von Arx nach 19 Spielen ins Chicago-Farmteam Norfolk Admirals abgeschoben. Nach einer Saison brach der Center das Nordamerika-Abenteuer ab und flüchtete zurück in den Schoss seines Förderers Arno Del Curto nach Davos.

Wesentlich mehr Durchhaltewillen hatte ein anderer Emmentaler – Torhüter Martin Gerber. Er liefert das Beispiel der imponierendsten Tellerwäscherkarriere im Schweizer Eishockey. Als Junior durch alle Netze des nationalen Förderungsprogramms gefallen und 1991 im Alter von 17 Jahren beim Zweitligaklub Signau auf dem sportlichen Abstellgleis, kämpfte sich Gerber Liga um Liga nach oben und schaffte 1998 mit dem SC Langnau die Promotion in die höchste Klasse. Die Leistungen des Spätzünders wurden auch jenseits des Atlantiks wahrgenommen. 2001 – mit bereits 26 Jahren – wurde Martin Gerber von den Anaheim Mighty Ducks gedraftet. Via Schweden, wo er 2002 mit Färjestads BK Meister wurde und zum «besten neuen ausländischen Spieler» der Liga gewählt wurde, gelang ihm der Sprung nach Nordamerika. In Anaheim gewann er als zuverlässige und loyale Nummer 2 Respekt und Anerkennung. Die grössten Triumphe feierte er aber im Winter 2005 / 06. An den Olympischen Spielen in Turin lieferte er im Tor der Nationalmannschaft die defensive Basis zum Sensationssieg gegen Kanada (2:0). In den darauffolgenden NHL-Playoffs gewann er mit den Carolina Hurricans den Stanley-Cup. Obwohl Gerber in der entscheidenden Meisterschafts-

042
043

EISHOCKEY

Dollarmillionär. Mark Streit kassiert für seinen Fünfjahresvertrag bei den New York Isländers 20,5 Mio. Dollar.

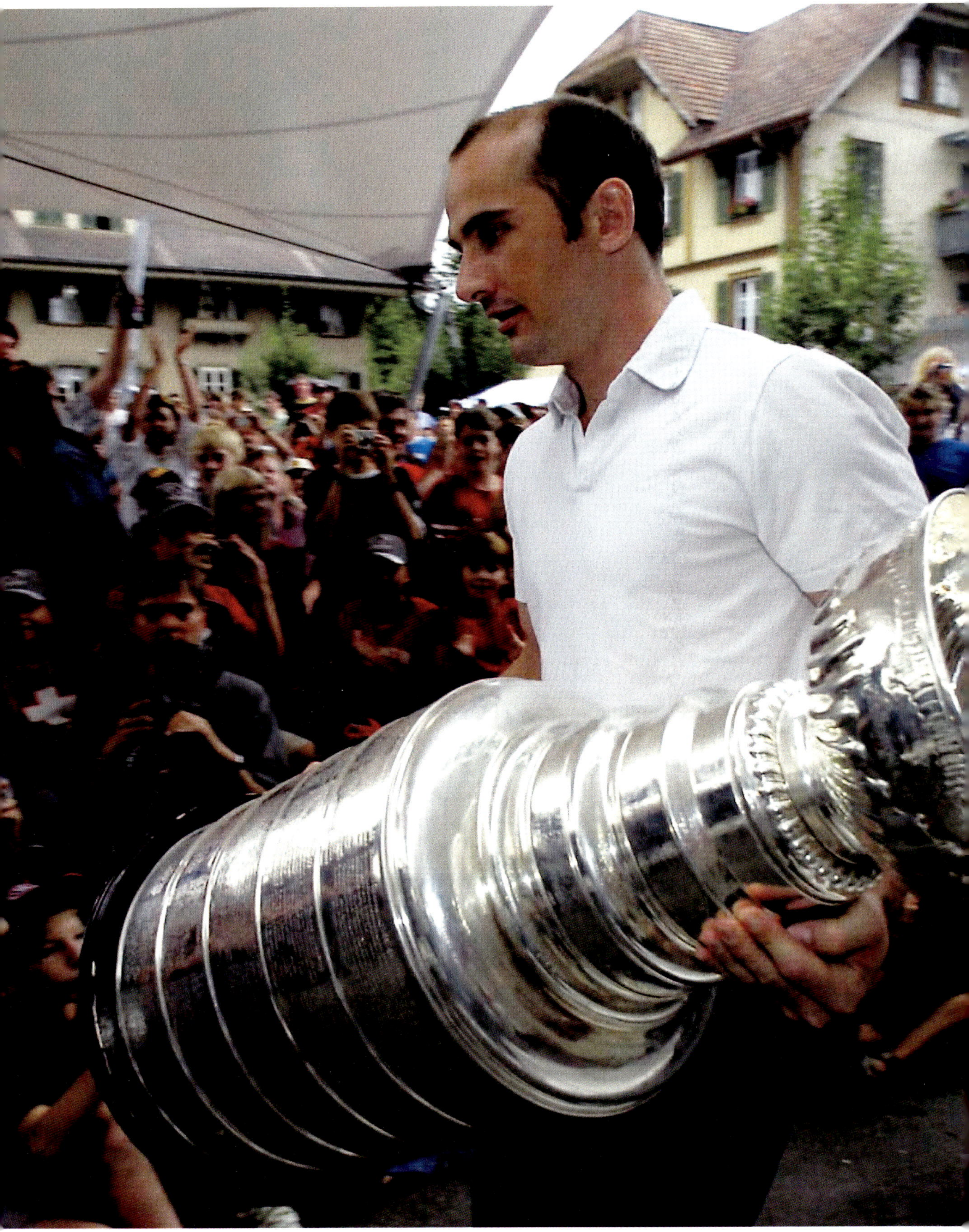

phase meist hinter Goalie-Konkurrent Cam Ward anstehen musste, rückte dieser Triumph Langnau im Sommer 2006 kurzfristig ins Zentrum der Eishockey-Welt. Denn gemäss NHL-Protokoll besitzt jeder Stanley-Cup-Champion das Recht, die 15,5 kg schwere Trophäe einen Tag in seiner Heimat zu präsentieren. Gerber tat es im Saal des altehrwürdigen Gasthofs Hirschen. Fünf Bodyguards (drei aus Nordamerika) bewachten den Silberkübel. Das ganze Dorf war auf den Beinen. Doch das Exklusivrecht auf das erste Foto gewährte der mit fünf Geschwistern in ärmlichsten Verhältnissen aufgewachsene Shootingstar nur jemandem – seiner 90-jährigen Grosstante Hermine Ramseier-Gerber aus Eggiwil. Der Stanley Cup förderte bei Gerber aber nicht nur die Familienbanden, sondern auch die Wirtschaftskraft. Von den Ottawa Senators erhielt der Goalie einen mit jährlich 3,7 Mio. Dollar dotierten Vertrag und avancierte zum bestverdienenden Schweizer Mannschaftssportler.

Bis 2008 galt diese pekuniäre Bestmarke. Dann setzte Mark Streit seine Unterschrift unter einen Fünfjahresvertrag mit den New York Islanders – Gesamtlohnsumme: 20,5 Mio. Dollar. Streit ist Verteidiger, doch von der Position abgesehen bestehen auffällige Parallelen zu Gerber. Als Junior (beim SCB) genoss Streit ebenfalls wenig Kredit – und wurde zu Fribourg-Gottéron abgeschoben. Den NHL-Draft durchlief auch er in einem Alter (26), in dem für die meisten seiner Berufskollegen dieser Traum bereits verflogen ist. Doch wie Gerber ordnete Streit seinem Ziel alles unter. Er arbeitete mit eiserner Disziplin an seiner Physis, machte Schussübungen, wenn seine Teamkollegen längst beim Jassen waren, legte Zusatzschicht um Zusatzschicht ein. Der Berner liess sich auch davon nicht abschrecken, dass sein erster Nordamerika-Abstecher (1999 / 2000) zu einer Grenzerfahrung in der eissportlichen Halbwelt zwischen Tallahassee, Springfield und Salt Lake City verkam.

Der zweite Anlauf war von durchschlagendem Erfolg: Gleich in der Startsaison avancierte er bei den Montreal Canadiens zum Stammspieler. Dank seinen Offensivqualitäten und der ausgeprägten Spielintelligenz wurde er vor allem im Powerplay zu einem Schlüsselspieler. Seine Vielseitigkeit beeindruckte die Trainer. Streit wurde sowohl als Verteidiger als auch als Stürmer eingesetzt, erreichte die respektable Marke von 36 Punkten und durfte die «Jacques-Beauchamp-Trophy» entgegennehmen, die Auszeichnung für den wertvollsten Mannschaftsspieler, der aber nur selten im Scheinwerferlicht steht.

Im Schatten blieb der Berner aber nicht lange. Seine letzte Saison in Montreal schloss er mit phänomenalen 70 Scorerpunkten ab. Hinter dem Schweden Niklas Lidström und dem Russen Sergei Gonchar war er der dritterfolgreichste Verteidiger der Regular-season. Als erster Schweizer wurde Streit fürs prestigeträchtige Allstar-game aufgeboten.

Mit seinem Wechsel nach Long Island folgte für Streit eine Phase der resultatmässigen Rückbesinnung. Denn die Islanders, Ende der 1970er- bis Anfang der 1980er-Jahre viermal Stanley-Cup-Sieger, befinden sich in einer Phase des sportlichen Wiederaufbaus. Mark Streit spielt dabei eine zentrale Rolle – mit bereits beachtlichem Erfolg. Von einem belächelten Punktelieferanten sind die Islanders seit 2008 wieder zu einem ernstzunehmenden Anwärter auf einen Playoff-Platz geworden. Streit steht nach zwei Saisons mit 105 Scorerpunkten zu Buche und liefert Woche für Woche den Beweis, dass das Schweizer Eishockey auch in der stärksten Liga der Welt eine Hauptrolle spielen kann.

EISHOCKEY

Die wichtigste Trophäe in der Eishockey-Provinz. Martin Gerber bringt den Stanley Cup nach Langnau.

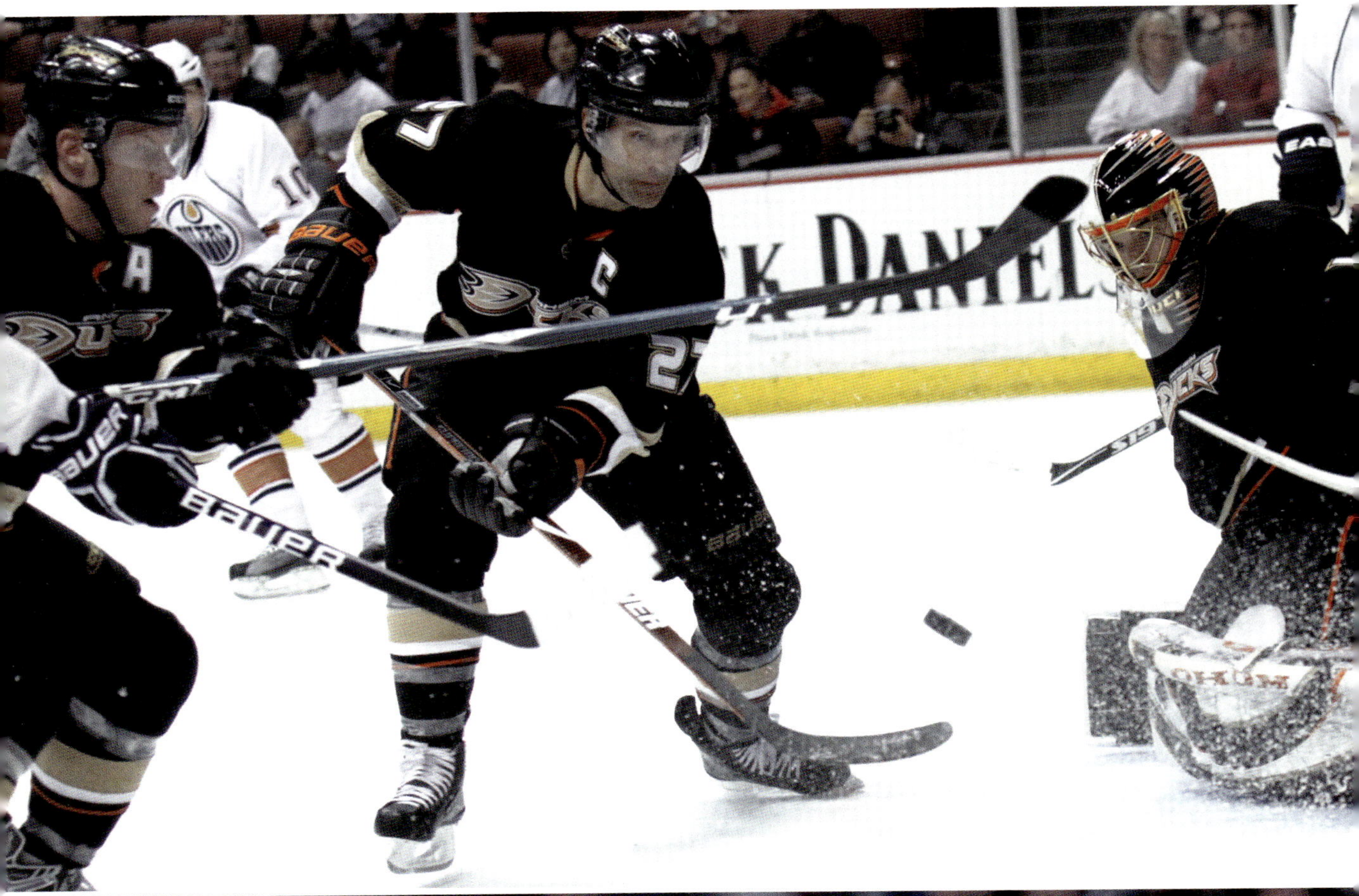
BAUER
CK DANIELS

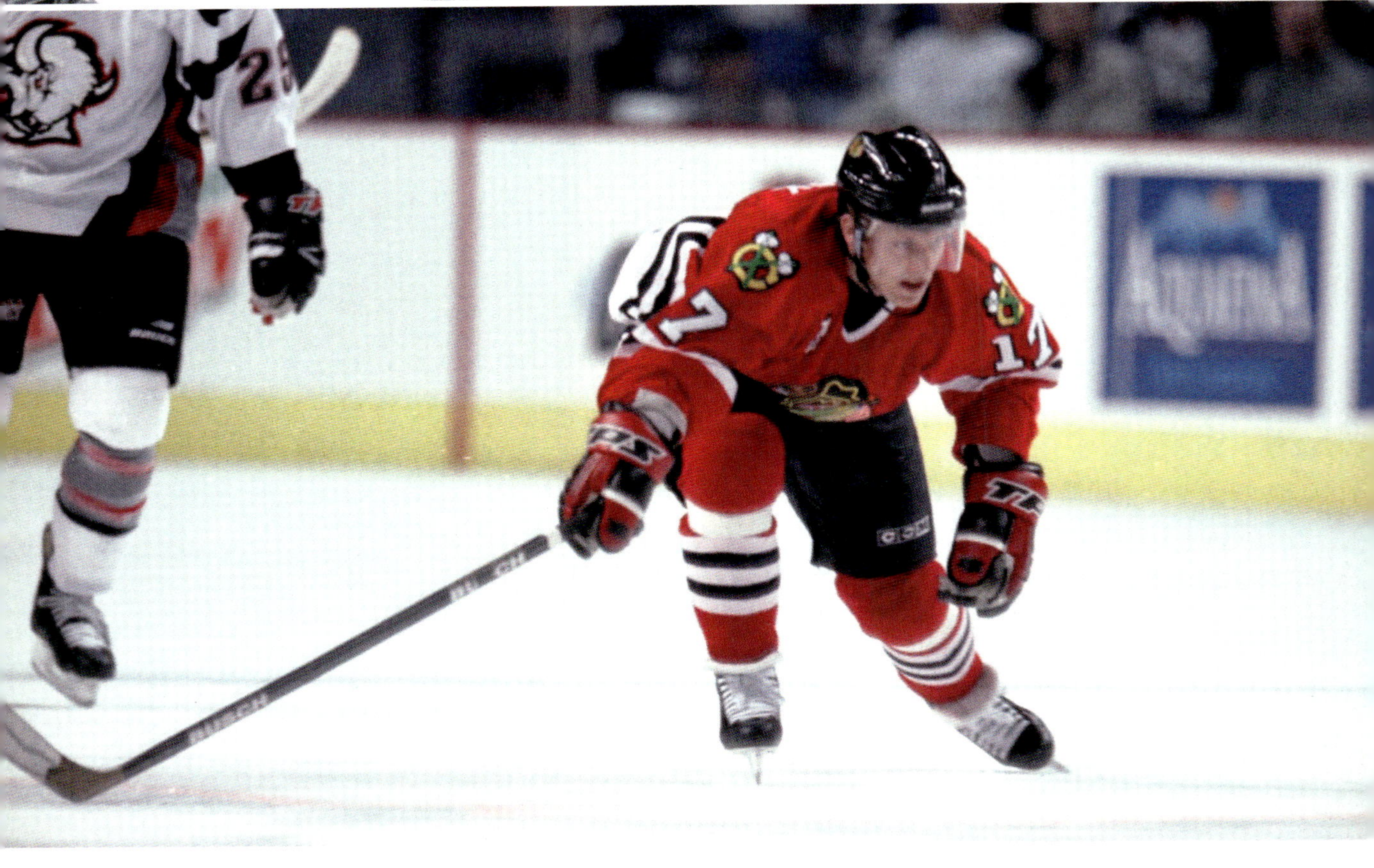
17

046
047

EISHOCKEY

links oben | Jonas Hiller setzt bei Anaheim die Schweizer Goalie-Tradition in der NHL fort. Im Bild mit Saku Koivu (l.) und Scott Niedermayer (27)

links unten | Kurzes Gastspiel, tiefe Spuren: Reto von Arx ist der erste Schweizer NHL-Torschütze.

rechts | Vom Niemandsland der East Coast Hockey League zum Stanley Cup. David Aebischer schafft als erster Schweizer den Durchbruch in Nordamerika.

CURLING | **SPORTHISTORISCH**

OLYMPIADE 1998 IN NAGANO PATRICK HÜRLIMANN FEGTE DIE GEGNER VOM EIS – UND SORGTE IN DER SCHWEIZ FÜR EINEN CURLING-BOOM.

Olympische Siegerehrungen sprengen den Rahmen der alltäglichen Emotionen. Pathos, Triumph, Tränen. Die Medaillenübergabe am 15. Februar 1998 im kleinen Touristenresort Karuizawa in den japanischen Alpen war in mehrfacher Hinsicht speziell. Zum ersten Mal seit 74 Jahren wurden im Curling die höchsten sportlichen Weihen verliehen. Als Medaillen-Verteiler amtete IOK-Präsident Juan Antonio Samaranch, eine Rolle, welche der höchste Olympier nur in Ausnahmefällen persönlich übernahm. Im Zentrum der sporthistorischen Zeremonie stand ein Schweizer Quintett: Skip Patrick Hürlimann und seine Teamkollegen von Olympique Lausanne (Patrik Lörtscher, Daniel Müller, Diego Perren, Dominic Andres). Sie hatten den haushohen Favoriten Kanada im Final förmlich deklassiert und quasi über Nacht die vermeintliche Randsportart Curling zum medialen Grossereignis gemacht.

Dass Samaranch seine präsidiale Aufwartung bei den Curlingspielern machte, war kein Zufall. Hürlimann kannte ihn seit einem Sprachaufenthalt in Lausanne 1996, als er nebenbei im Olympischen Museum als Touristenguide arbeitete. Ausserdem ist Samaranch seit 1985 Ehrenpräsident des Lausanner Curlingklubs. Ein gewiefter Schachzug mit sportpolitischer Langzeitwirkung. Denn die Einbindung des Spaniers bildete eine wichtige Grundlage zur Rückkehr des Curlingsports ins Programm der Winterspiele – 74 Jahre nach der ersten und vorerst einzigen Austragung 1924 in Chamonix.

Zum Highlight aus Schweizer Sicht wurde dieses olympische Comeback aber erst durch die phänomenalen Leistungen von Hürlimann & Co. im wichtigsten Moment. Nach Niederlagen in der Round Robin gegen Kanada (3:8) und Norwegen (4:5) standen den Schweizern in der Direktausscheidung wieder die gleichen Teams gegenüber. Im Halbfinal setzten sie sich gegen die Skandinavier nach einer veritablen Nervenschlacht 8:7 durch. Im Final fegten sie die Kanadier förmlich vom Eis (9:3), die ihrerseits im Halbfinal dem US-Team keine Chance gelassen hatten.

Hürlimann, der in seiner Karriere auch drei WM-Medaillen (einmal Silber, zweimal Bronze) gewonnen hatte, war das Abenteuer Olympia mit Akribie angegangen – in jeder Beziehung: «Wir haben uns genau informiert, was uns in Japan erwartet und auch Bücher darüber gelesen. Ausserdem zogen wir als erste ins olympische Dorf ein, um die Atmosphäre zu geniessen und uns alles genau anzuschauen. Als der Wettkampf dann aber losging, liessen wir uns durch nichts und niemanden mehr ablenken. Das hatten wir exakt so abgemacht.»

Wie aber wird aus einem 3:8 in wenigen Tagen ein 9:3? Hürlimann erinnert sich, als wäre es gestern gewesen: «Der kanadische Skip Harris erklärte es damit, dass er an einer Grippe erkrankt war. Für mich ist das aber insofern nicht ganz nachvollziehbar, als er unter den gleichen Umständen im Halbfinal noch eine fehlerfreie Leistung geboten hatte.»

048
049

Ein sporthistorischer Moment: Patrick Hürlimann (links) führt das Schweizer Curlingteam in Nagano zum Olympiasieg.

So führt Hürlimann das deutliche Resultat vor allem auf die Qualitäten seines Teams zurück: «Wir haben als Mannschaft super harmoniert. Jeder kannte seine Rolle. Jeder spielte sie perfekt. Wir haben eine Taktik festgelegt und hielten uns konsequent daran.» Die Kanadier dagegen waren dem Druck nicht gewachsen. «Sie sind im Final völlig auseinandergefallen», erinnert sich Hürlimann.

Wie gingen die Schweizer in Nagano mit der psychischen Belastung um? Vertrauten sie auf die Dienste eines Mentaltrainers – wie beispielsweise das Team um Skip Markus Eggler, das 12 Jahre später in Vancouver die Bronzemedaille gewann? Hürlimann hatte ein anderes Rezept: «Ich habe drei Jahre vor den Olympischen Spielen mit Yoga begonnen. Das half mir extrem, mich auf dem Eis total auf den Moment zu fokussieren und Erinnerungen an ähnliche Spielsituationen zu schubladisieren.»

Als Kind spielte Hürlimann auch Fussball und Tennis. Über seine Eltern kam er zum Curlingsport: «Ich war von Anfang an völlig fasziniert und habe schon als Elfjähriger alle Statistiken gesammelt.» Mit dem Erfolg in Nagano hat er 24 Jahre später ein neues Schweizer Olympia-Kapitel aufgeschlagen. Vor allem die Bernerin Mirjam Ott schrieb diese Erfolgsgeschichte weiter – mit Silber an den Spielen in Salt Lake City und Turin. Sie war die erste Frau, die zwei Olympia-Medaillen gewinnen konnte.

Zu Gold hat es bisher aber nur Hürlimann gebracht. Heute arbeitet der Zuger als Geschäftsführer der Medizin-Technik-Firma Oped. Im Curlingsport wischt er mittlerweile auf höchster sportpolitischer Ebene mit – als Vizepräsident der World Curling Federation. Ausserdem hat er das Punktsystem zur Ermittlung der Weltrangliste entwickelt. Die Rangliste umfasst 46 Nationen und macht deutlich, dass die Curling-Welt alle Zonen umfasst: Auf dem ersten Platz liegt Kanada. Schlusslicht sind die Virgin Islands.

ZAHLEN, DIE DAS WINTERSPORTLEBEN SCHREIBT

1551	lautet die Innschrift auf dem (anscheinend) ältesten Curling-Stein. Weil er in Schottland gefunden wurde, sind sich Experten nicht einig, ob es sich bei 1551 um den Jahrgang des Steins oder die Anzahl während des Wettkampfs konsumierter Whiskys handelt.
1000	Euro kostet ein Curlingstein von Topqualität. Das bevorzugte Rohmaterial ist ein spezieller Granit (Ailsite) von der Insel Ailsa Craig vor Schottland.

050
051

CURLING

Die kongenialen Leader auf dem Weg zur Bronzemedaille: Ralph Stöckli (o. l.) und Markus Eggler teilen sich in Vancouver die Verantwortung.

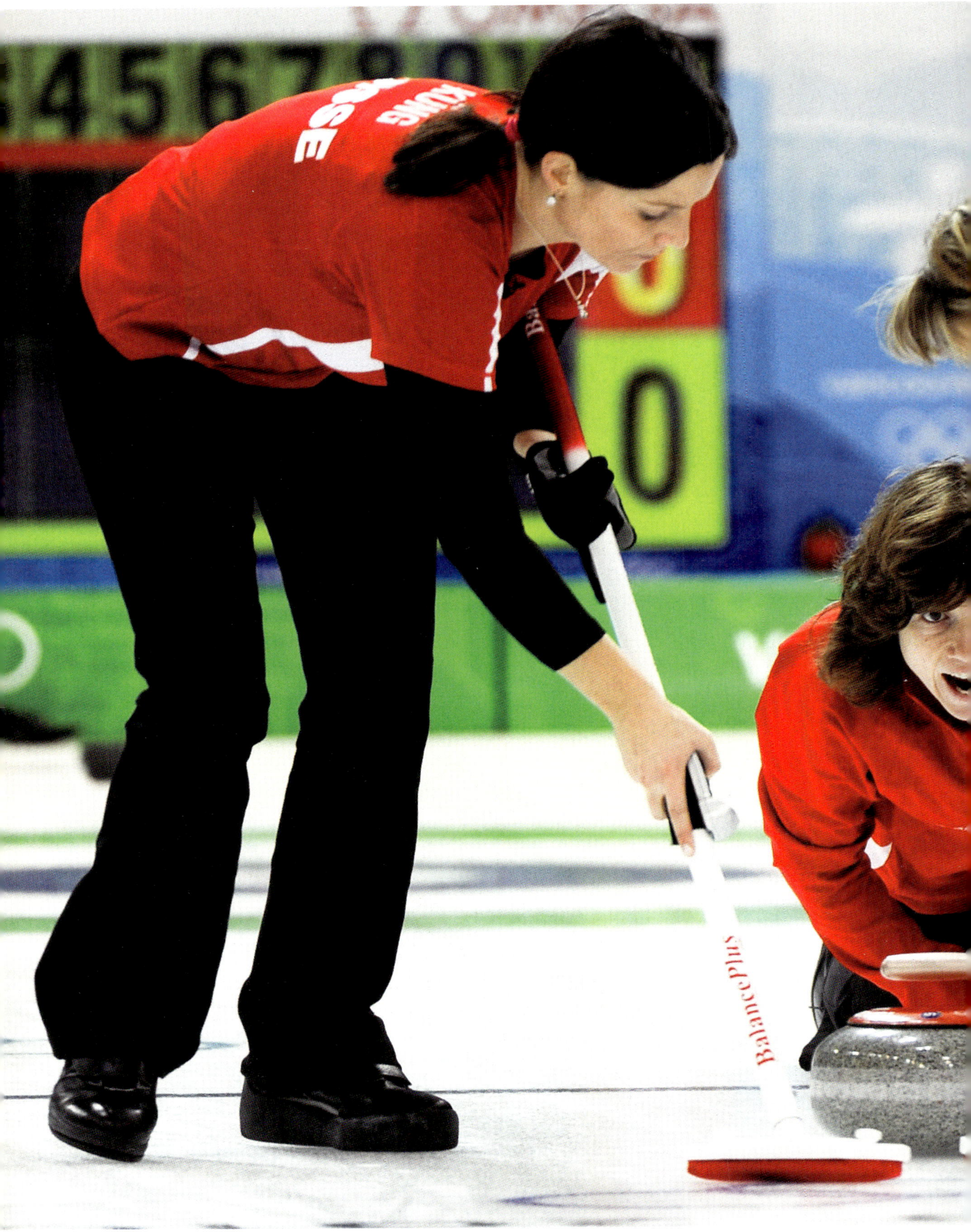
BalancePlus

052
053

CURLING

Mirjam Ott (m.) gewinnt als erste Curlingspielerin zwei Olympia-Medaillen. In Vancouver verpasst sie mit Jeanine Greiner (r.) und Carmen Schäfer das Tripple knapp.

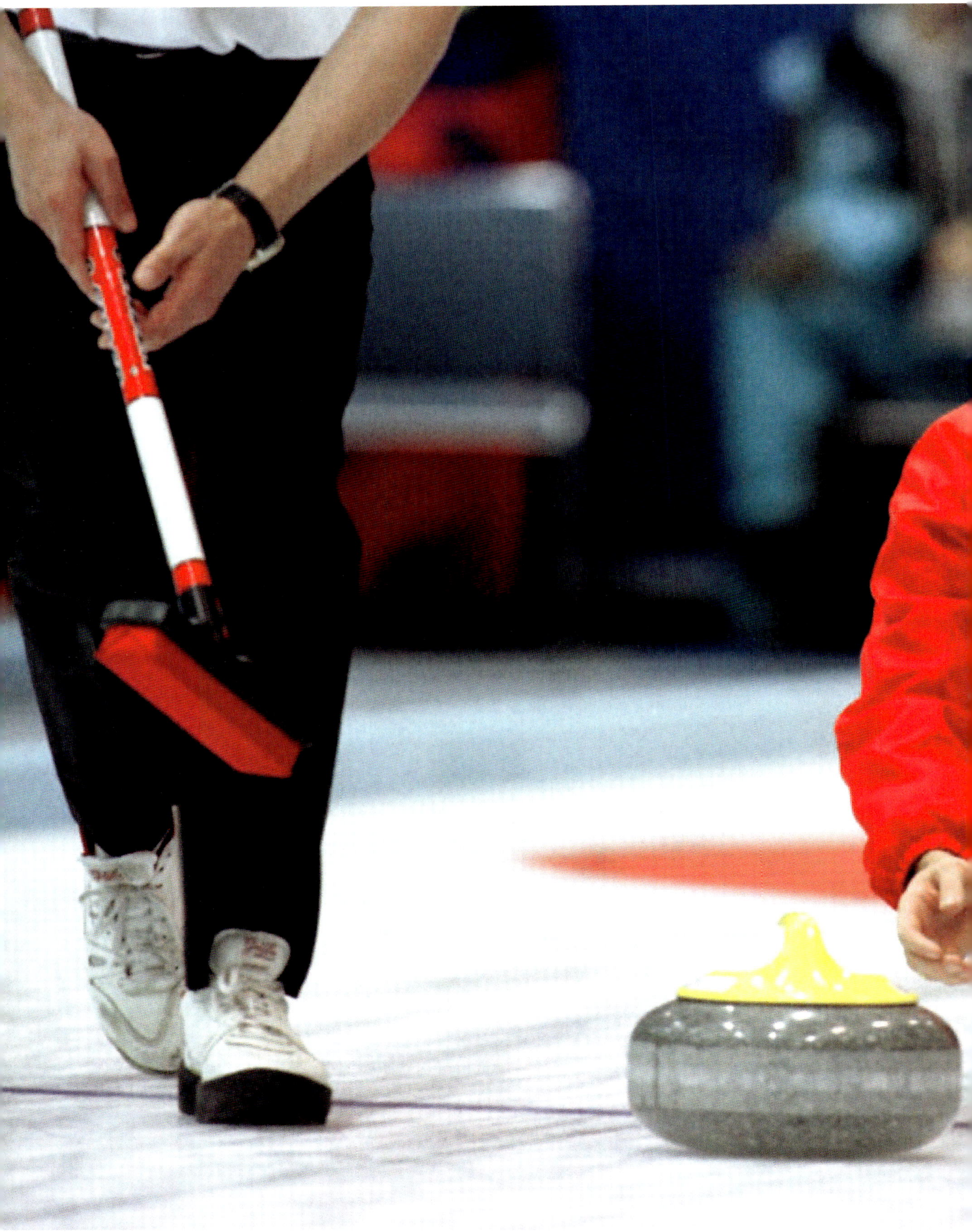

054
055

CURLING

Präzisionsarbeit unter
Hochdruck: Hürlimann
setzt im mentalen Bereich
auf Yoga-Lektionen.

DIE GEBURTSSTUNDE DES ERSTEN SCHWEIZER SKIKLUBS

CHRISTOF ISELIN GRÜNDETE 1893 IN GLARUS DEN ERSTEN SCHWEIZER SKIKLUB.

Die ersten geschichtlich nachweisbaren Skiläufer waren Jäger der Jungsteinzeit, 2000 bis 3000 Jahre vor Christus. Davon zeugen Felsbilder auf der Insel Rödöy an der norwegischen Fjordküste. Norwegens Geschichte ist reich an Legenden und Anekdoten über den Skilauf. Skandinavische Skiläufer beeinflussten mit ihren Heldentaten das Schicksal ihrer Länder. Der 55 Kilometer lange Birkebeiner-Lauf erinnert an einen historischen Handstreich. Die sogenannten Birkebeiner waren arme Leute, die Schuhe aus Birkenrinde statt aus teurem Leder trugen. Zwei dieser skilaufenden Birkebeiner retteten 1206 den zweijährigen Königssohn Haakon vor bösen Feinden. Und weil Geschichten mit Königskindern meistens ein Happy End haben, wurde Haakon einer der bedeutendsten Könige Norwegens. Auf eine ähnliche Begebenheit, jedoch 300 Jahre später, geht der schwedische Vasalauf zurück. Mit Hilfe von Skiläufern gelang dem Reichsverweser und späteren König Gustav Eriksson Vasa die Flucht vor dem Dänenkönig Christian II., was Schweden schliesslich zur führenden Ostseemacht verhalf. Skierfolge sind noch heute nicht Dänemarks Stärke.

Auch der Schweizer Skisport hat indirekt skandinavische Wurzeln. Der 22-jährige Leutnant Christof Iselin aus Glarus las Fridtjof Nansens Buch «Auf Schneeschuhen durch Grönland» und schritt nach der Lektüre sofort zur Tat: «Es war im Winter 1891, als ich angespornt und begeistert von Nansens «Auf Schneeschuhen durch Grönland» mir ein Paar originelle, sehr primitive sogenannte Schneeschuhe selbst anfertigte und darauf meine Probefahrten nur bei finsterer Nacht abhielt. Denn wehe dem, der sich damals erkühnt hätte, mit so sonderbaren Werkzeugen Übungen abzuhalten. Er wäre unfehlbar dem allgemeinen Gespött und Hohngelächter anheimgefallen und hätte sicher riskiert, entweder als Tölpel dargestellt oder in der Fasnacht-Narrenzeitung erwähnt zu werden.»

Skipionier Iselin ging unbeirrt seinen Weg. Auf Ski. 1893 gründete er mit fünf Getreuen den ersten Schweizer Skiklub, den SC Glarus, und 1902 führte er das von Feldweibel Müller gewonnene erste «Schweizerische Skirennen» durch. Die «Glarner Nachrichten» rühmten den von 400 Zuschauern besuchten Schneeanlass über den grünen Klee, worauf ein Leserbrief-Schreiber seine Bedenken anmeldete: «Es sind nicht durchaus alle Leute damit einverstanden, dass mit dem Skifahren wieder ein neuer Sport oder Sporren eingeführt werden will. Für den Sicherheitswärter am Gotthard ist das eine andere Sache, da gehört es natürlich zum Dienst und kann nützlich sein. Aber unsere hiesigen jungen Leute haben ja sonst keinen Sonntag mehr frei; Sänger, Turner, Schützen, Tanzlustige, Clubisten, Kränzchen aller Art, Ski und so fort. Ob das für das Volkswohl wirklich gesund ist?» Christof Iselin liess sich trotz solcher «Befürchtungen um das gefährdete Volkswohl» nicht von seiner Skibegeisterung abbringen. Er lud norwegische Skiläufer als Instruktoren nach Glarus ein und bat alle damals existierenden Schweizer Skiklubs am 23. Oktober 1904 ins Bahnhofbuffet II. Klasse in Olten zu Gründung des Schweizerischen Skiverbandes. Einen knappen Monat später, am 2. November 1904, fand im «Aarhof» Olten die konstituierende SSV-Delegiertenversammlung statt. Anwesend waren 16 Vereine mit 731 Mitgliedern. Für jedes Mitglied musste der Zentralkasse 50 Rappen überwiesen werden. Tagespräsident Iselin übergab das Kommando dem ersten SSV-Vorsitzenden Albert Weber vom Skiclub Bern. Er trat sein Amt mit einem Verbandsvermögen von Fr. 5.65 an.

Weil Christof Iselin mit seinem selbst gebastelten Ski unzufrieden war, bestellte er in Norwegen drei Paar Original-Kristiania-Skis. Der mit Iselin befreundete Jusstudent Philipp Mercier animierte den Glarner Schreiner Melchior Jakober zur Anfertigung solch moderner Latten nach norwegischem Muster. Jakober verkaufte im Winter 1893 / 94 bereits siebzig Paar Skis aus Bergeschen- und Ulmenholz. Während die norwegischen Skis 30 Franken kosteten, verlangte Jakober nur 20 Franken. Sein Erfolg als Skibauer sprengte schon bald die Landesgrenzen. Im Ersten Weltkrieg kämpften die französischen wie die deutschen Wintersoldaten auf Jakober Skis. Ein Glarner Ski siegte immer, hüben wie drüben, bei Freund oder Feind.

Auch Rösli Streiff, Sekretärin und später Geschäftsführerin der Glarner Bleicherei Streiff, fuhr und gewann auf Jakober Skis. Sie trat als 29-Jährige dem Schweizer Damen-Skiclub SDS bei und trug zum Skifahren trotz Anfeindungen Hosen, was einen SSV-Funktionär erzürnte: «Mer wei mit dene Wyber nüt z'tüe ha.» Nichtsdestotrotz wurde die Glarnerin 1932 in Cortina d'Ampezzo erste Schweizer Weltmeisterin im Slalom und in der Kombination. Rösli dankte ihrem Vorbild, dem Zermatter Otto Furrer: «Er gab uns in Cortina den Rat, notfalls zu stemmen. Ich beherzigte den Tipp und konnte dank dem Stemmbogen ganz nahe bei den Fähnchen vorbeifahren. Diese Technik und Taktik trugen mir im ersten Lauf 10,8 Sekunden Vorsprung ein.»

Zuerst waren die Norweger, dann die Glarner, dann folgten die anderen. Vor allem die Engländer entdeckten das Wintersportland Schweiz, unter ihnen der berühmte Sherlock Holmes-Autor Conan Doyle. Er schilderte 1894 im «Alpine Journal» seine Erlebnisse anlässlich der Winter-Erstüberquerung der Maienfelder Furka von Davos nach Arosa: «Äusserlich ist an einem Paar Ski nichts besonders Heimtückisches zu entdecken. Es sind zwei Pantoffeln aus Ulmenholz, acht Fuss lang und vier Zoll breit, mit einem viereckigen Absatz, aufgebogenen Zehen und Riemen in der Mitte der Befestigung des Fusses. Niemand würde beim blossen Ansehen an all die Möglichkeiten denken, die in ihnen lauern. Es sind nützliche Dinger, die Skis: denn als wir sahen, dass der Schnee hart genug war, um uns zu tragen, verwandelten wir sie bald in eine sehr bequeme Bank. Aber ziehst du sie an die Füsse, drehst dich mit einem Lächeln noch deinen Freunden zu, um zu sehen, ob sie dir auch zuschauen – dann bohrst du im nächsten Augenblick deinen Kopf wie verrückt in einen Schneehaufen hinein. Jedesmal, wenn du dich auf einen Fall vorbereitest, trifft er nicht ein. Hälst du dich aber für durchaus sicher, so ist es um dich geschehen. Mein Schneider sagte mir, dass Harris Tuch nicht durchgetragen werden könne. Das ist blosse Theorie und kann keinen gründlichen wissenschaftlichen Beweis aushalten. Er kann Muster seiner Ware längs des ganzen Weges vom Furkapass bis Arosa ausgestellt finden, und für den Rest des Tages war mir nach der winterlichen Erstbesteigung am wohlsten, wenn ich mich gegen eine Mauer drehte.»

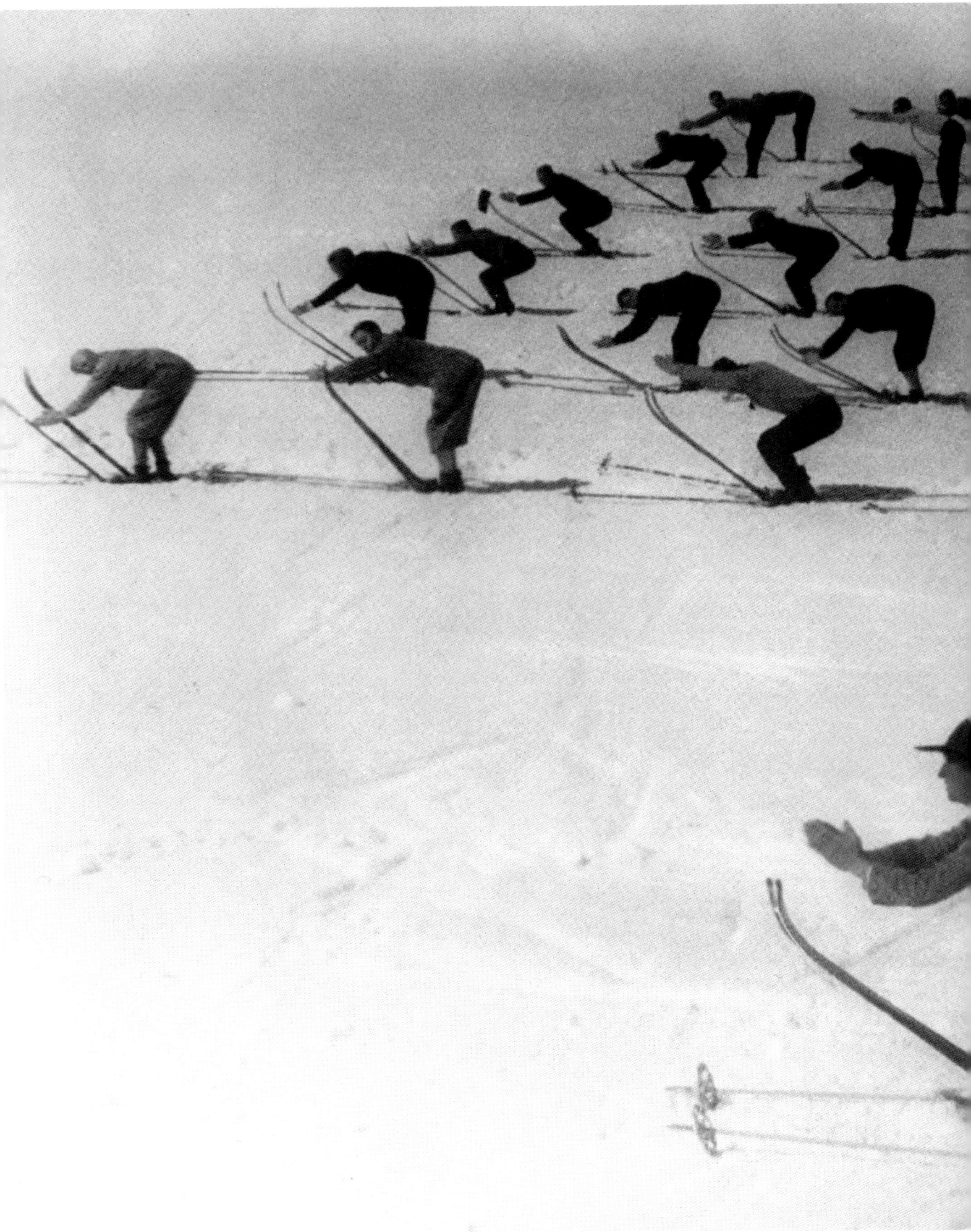

058
059

Skiunterricht für Anfänger
1931 im Engadin

SKISPRINGEN | **SPRINGEN … FLIEGEN … LANDEN**

DIE VOGELMENSCHEN SIE HEISSEN DÄSCHER, TSCHANNEN, STEINER, SUMI, ZÜND, AMMANN, KÜTTEL. SCHWEIZER SKISPRINGER HABEN REKORDE GEBROCHEN, DIE SPRINGTECHNIK REVOLUTIONIERT, MEDAILLEN NACH HAUSE GEBRACHT.

SKISPRINGEN

15 der 19 ersten Skisprung-Weltmeisterschaften gewannen Norweger. Zwischen 1924 und 1952 horteten sie 38 der 57 verteilten WM- und Olympia-Medaillen. Nur viermal siegten Vertreter anderer Nationen: ein Tschechoslowake, ein Schwede, ein Deutscher und 1932 in Innsbruck der 21-jährige Marcel Reymond aus Ste-Croix. Der Waadtländer verdankte seinen Überraschungserfolg zwei Glücksfällen. Einerseits protestierten die Norweger gegen Bestimmungen des internationalen Skiverbandes FIS und starteten in Innsbruck nur ausser Konkurrenz; anderseits arbeiteten zwei der drei berühmten Brüder Ruud (sieben WM-Titel) vorübergehend in Ste-Croix und brachten am Feierabend Junior Reymond bei, wie man mit Ski an den Füssen von einer Schanze abhebt.

Mindestens doppelt so weit wie Marcel Reymond sprang vierzig Jahre später der heute in Schweden lebende Toggenburger Holzbildhauer Walter Steiner. Er verfehlte 1972 in Sapporo den Olympiasieg nur um einen winzigen Zehntelspunkt, doch an der im gleichen Winter im slowenischen Planica ausgetragenen Skiflug-WM war der «Vogelmensch» aus Wildhaus nicht mehr zu bremsen. Olympia-Silber und WM-Gold mit 21 Jahren! An der Skiflug-WM 1977 in Vikersund flog Steiner erneut allen davon. Weil der introvertierte Tüftler oft viel länger in der Luft blieb als die andern, musste seinetwegen immer und immer wieder der Anlauf verkürzt werden. Steiners 179-m-Weltrekord-Überflug 1973 in Oberstorf konnte er leider nicht stehen. Dennoch, wenn irgendwo und irgendwann von den besten Skifliegern aller Zeiten die Rede ist, kommt des St. Gallers Name ins Gespräch.

Eigentlich müsste auch Andreas Däscher in die Skisprung-Weltgeschichte eingehen. Er war der erste Mensch, der die Schanze nicht mit vorgestreckten Armen, sondern mit eng an den Körper gepressten Händen verliess. Die Schweizer Verbandsfunktionäre verboten dem Davoser diese «Marotte» und drohten mit Sanktionen. «Die Hände gehören nach vorne! Kapiert?» Das Bibelwort vom Propheten, der nichts gilt in seinem Vaterland, bewahrheitete sich erneut. Das ärgerte Däscher und freute die Finnen. Sie kopierten den Bündner und nannten dessen Erfindung keck «Finnen-Stil». Etikettenschwindel! Damit ging für Norwegen die Springerwelt unter und für Finnland auf. Suomi entthronte seinen Nachbar dank Däscher brutal und gewann an den Welttitelkämpfen 1954, 1956, 1958 Gold, Gold, Gold, Silber, Silber, Silber! Ferner hüpften Norweger.

Gleichzeitig wie Däscher sorgte der drei Jahre ältere Fritz Tschannen aus St. Imier für Schlagzeilen. Er studierte am Konservatorium Neuenburg Klavier, Akkordeon, Bass und sämtliche Blasmusikinstrumente, bereiste mit seiner jodelnden Gattin Marilie als «Duo Fritz und Marilie» die neue und die alte Welt, musizierte im legendären New Yorker Hotel Waldorf Astoria, arrangierte und komponierte, dirigierte die Stadtmusik Delsberg, war Chef d'orchestre bei Radio-Télévision Montreal, leitete die kanadische Skischule Chalet-Cochand, führte als Trainer Anne Heggveit zu Slalom- und Kombinations-Olympia-Gold, bestritt zweimal das Lauberhornrennen, besitzt die Carnegie-Lebensrettermedaille, war Segel- und Motorflieger, vor allem aber ein brillanter Skispringer und Skiflieger.

Doch auch als Alpiner gehörte der inzwischen 90 Jahre alte Jurassier zur Crème de la crème. Arnold Glatthard, der technische Leiter des Schweizerischen Skiverbandes, stoppte indes Tschannens Doppeleinsätze und befahl seinem Multitalent: «Vergiss die Abfahrt. Wir haben zu wenig Skispringer; du musst springen.» Fritz gehorchte und sprang und sprang und flog und flog und gewann und gewann. Er wurde Schweizer Skisprungmeister, siegte («so genau weiss ich das nicht mehr») über hundertmal und fühlte sich vor allem auf Flugschanzen vögeliwohl. 1947 landete der Berner in Planica als erster Schweizer mit 101 m ennet der 100-m-Marke, Landesrekord! Ein Jahr später, am 15. März 1948, verbesserte der vom Skiclub Adelboden lizenzierte Musikvirtuose im gleichen Planica die neun Jahre alte Weltbestleistung des Deutschen Rudi Geering um zwei Meter auf 120 m. Damit blieb Fritz Tschannen

Der Jurassier Fritz Tschannen landet 1947 als erster Schweizer ennet der 100-m-Marke und ist der bisher einzige Schweizer Skiflug-Weltrekordler: 15. März 1948, 120 m in Planica

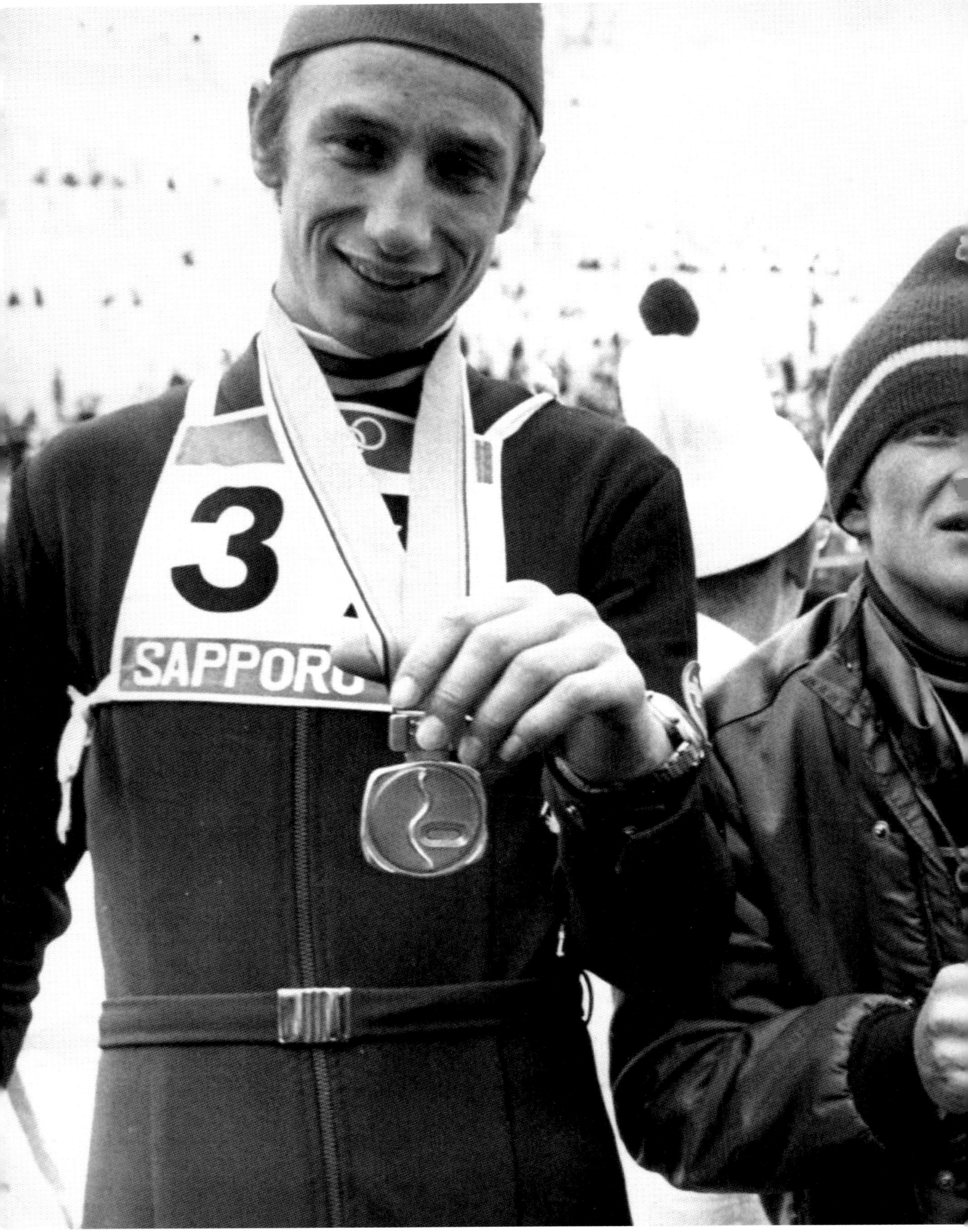
3
SAPPORO

062
063

SKISPRINGEN

90-m-Olympiaschanze
Sapporo 1972: Sieger
Wojciech Fortuna (Polen)
0,1 Punkt vor Walter
Steiner (links) und Rainer
Schmidt (DDR)

bis auf den heutigen Tag einziger Schweizer Skiflug-Weltrekordinhaber. Natürlich flogen nach ihm etliche Schweizer weiter, von Däscher über Steiner, Schmid, Sumi, Zünd, Küttel bis Ammann, doch keiner brach den jeweils gültigen Weltrekord. Fritz Tschannen übertraf die 100-m-Limite 78 Mal, bis hinunter auf 126 m. So geschehen 1951 in Oberstdorf. Das reichte ihm, hierauf wanderte er aus. Nach Kanada. Dort wirkte er von 1951 bis 1964 in verschiedenen Funktionen und verdiente das Geld, das er zu Hause nicht verdient hatte. Denn finanziell schaute für die kühnen Männer jener Zeit wenig heraus. «Wir mussten froh sein, wenn wir den Nationalmannschafts-Pullover am Ende des Winters behalten durften. Immerhin, nach meinem Weltrekord erhielt ich 1948 vom Skiclub Adelboden, der damaligen Schweizer Springer-Hochburg, 500 Franken Bargeld.» Skispringer bringen es von allen Wintersportlern am weitesten und höchsten; aber nur an Metern, nicht an Moneten.

SKISPRINGEN

ZAHLEN, DIE DAS WINTERSPORTLEBEN SCHREIBT

1988	revolutionierte der Schwede Jan Boklöv das Skispringen. Am 10. Dezember gewann er in Lake Placid sein erstes Weltcupspringen – dank einer extrem gespreizten Skihaltung, die Auftrieb und Flugverhalten optimierten und die Luftauflage von 0,5 auf 0,7 m² erhöhte. Trotz erheblichen Abzügen von den Punktrichtern gewann Boklöv in dieser Saison den Gesamtweltcup. 1990 stellten alle Springer auf den «V-Stil» um. 1992 lenkten auch die gestrengen Juroren ein.
9,5	Meter betrug die Weite des ersten dokumentierten Skisprung-Weltrekords. Aufgestellt 1808 vom Norweger Olaf Rye auf einem künstlich angelegten Schneehügel.

links | Walter Steiner, der Toggenburger Skiflug-Weltmeister 1972 und 1977, gelernter Holzbildhauer, lebt seit vielen Jahren zurückgezogen in Schweden.

rechts | Andreas Däscher aus Davos schreibt Skisprung-Weltgeschichte. Er ist der erste Mensch, der nicht mit vorgestreckten Armen, sondern mit an den Körper gepressten Händen die Schanze verlässt. Die Finnen kopieren ihn, deklassieren dadurch die Konkurrenz und nennen den Däscherstil frech Finnenstil. Etikettenschwindel!

DER ÜBERFLIEGER AUS DEM TOGGENBURG VIERFACHER OLYMPIASIEGER, EIN TRENDSETTER IN DER BRILLENMODE. SIMON AMMANN IST DER ERFOLGREICHSTE UND POPULÄRSTE SCHWEIZER OLYMPIONIKE.

Am Vorabend der Olympischen Winterspiele 2010 in Vancouver kürte das Schweizer Fernsehen den grössten Schweizer «Olymipa-Hero» der Geschichte. Die Statistik liess kein Missverständnis zu: Der Preis ging an Vreni Schneider, die im Verlauf ihrer glorreichen Karriere auf den olympischen Skipisten dreimal Gold sowie je einmal Silber und Bronze gewonnen hatte.

Zwei Wochen später wurde die Wahl der Glarnerin von der Aktualität überholt beziehungsweise überflogen. Der Skispringer Simon Ammann, acht Jahre zuvor in Salt Lake City schon zweimal zuoberst auf dem olympischen Podest, degradierte die Konkurrenz in Vancouver zu Statisten. Hoch überlegen triumphierte der 29-jährige Toggenburger sowohl auf der kleinen Schanze als auch auf dem grossen Bakken und machte eine Sportart, die in der Schweiz sonst nur in Ausnahmefällen auf breite Resonanz stösst, zum Gassenfeger und Stammtischthema. Und er setzte sich in der ewigen Rangliste aller Schweizer Olympioniken an die Spitze. Für Ammann selbst stand dieser Rekord allerdings nie im Vordergrund: «Ich bin nicht so ein Fan von solchen Ranglisten. Denn Leistungen von Sportlern aus verschiedenen Sportarten und unterschiedlichen Generationen lassen sich kaum miteinander vergleichen», und dann sagt der Goldsammler etwas Erstaunliches: «Ich bin eigentlich der Meinung, dass man in einer Karriere nur einmal Olympiasieger werden dürfte. Das würde die Einmaligkeit dieses Moments noch verstärken.»

Ammann erlebte diese «Einmaligkeit» im Februar 2010 das dritte und vierte Mal – mit einer Überlegenheit, wie man sie in diesem Sport zuvor noch nie gesehen hat. Dem «Simi-Fieber» konnte sich niemand entziehen – weder der Dreikäsehoch im Vorschulalter, der sonst Cristiano Ronaldo oder David Beckham nacheifert, noch die Grosstante, die bisher Bernhard Russi als idealen Schwiegersohn betrachtet und ihren Hund «Pirmin» getauft hatte. Simon Ammann, Superstar.

Doch was macht ihn aus, den «Simi-Effekt»? Ist es die schräge Sonnenbrille, die Ammann in Vancouver nach seinen Supersprüngen aufsetzte? Seine spontane und lockere Art, die er selbst an weniger guten Tagen nie zu verlieren scheint? Oder schlicht und einfach die phänomenale Erfolgsbilanz, die sich bald schon über ein ganzes Jahrzehnt erstreckt? Die Antwort erfordert keiner tiefenpsychologischen Langzeitstudie: Es ist eine Mischung aus allem – verbunden mit einem epochalen Denkzettel, den Simi unserem wintersportlichen Lieblingsfeind (Österreich) auf den Schanzen im Whistler Olympic Parc in einer nicht für möglich gehaltenen Deutlichkeit verpasste.

Was Leistungsdichte, sportliche Basisarbeit und öffentliche Unterstützung anbelangt, ist der moderne Skisprung eine durch und durch österreichische Angelegenheit: Schlierenzauer, Morgenstern, Kofler, Loitzl. In Vancouver schickte der österreichische Verband ein ganzes Geschwader auf die Jagd nach Medaillen. Die Schweiz hingegen konnte aufgrund fehlender personeller Ressourcen nicht einmal am Teamwettbewerb teilnehmen. Und weil Andreas Küttel in einem veritablen Leistungsloch steckte, beschränkte sich die helvetische Luftwaffe faktisch auf Simon Ammann. Doch der Überflieger aus Unterwasser hielt dem Druck mit einer entwaffnenden Sicherheit und Souveränität stand – in einer Sportart notabene, in der oft kleinste Details entscheiden, in der ein Windstoss alles auf den Kopf stellen und eine Verkürzung des Anlaufes die Hauptdarsteller in eine abgrundtiefe Sinneskrise stürzen kann.

066
067

SKISPRINGEN

Trockenübung:
Simon Ammann beim
Sprungtraining auf
einem Basketballfeld

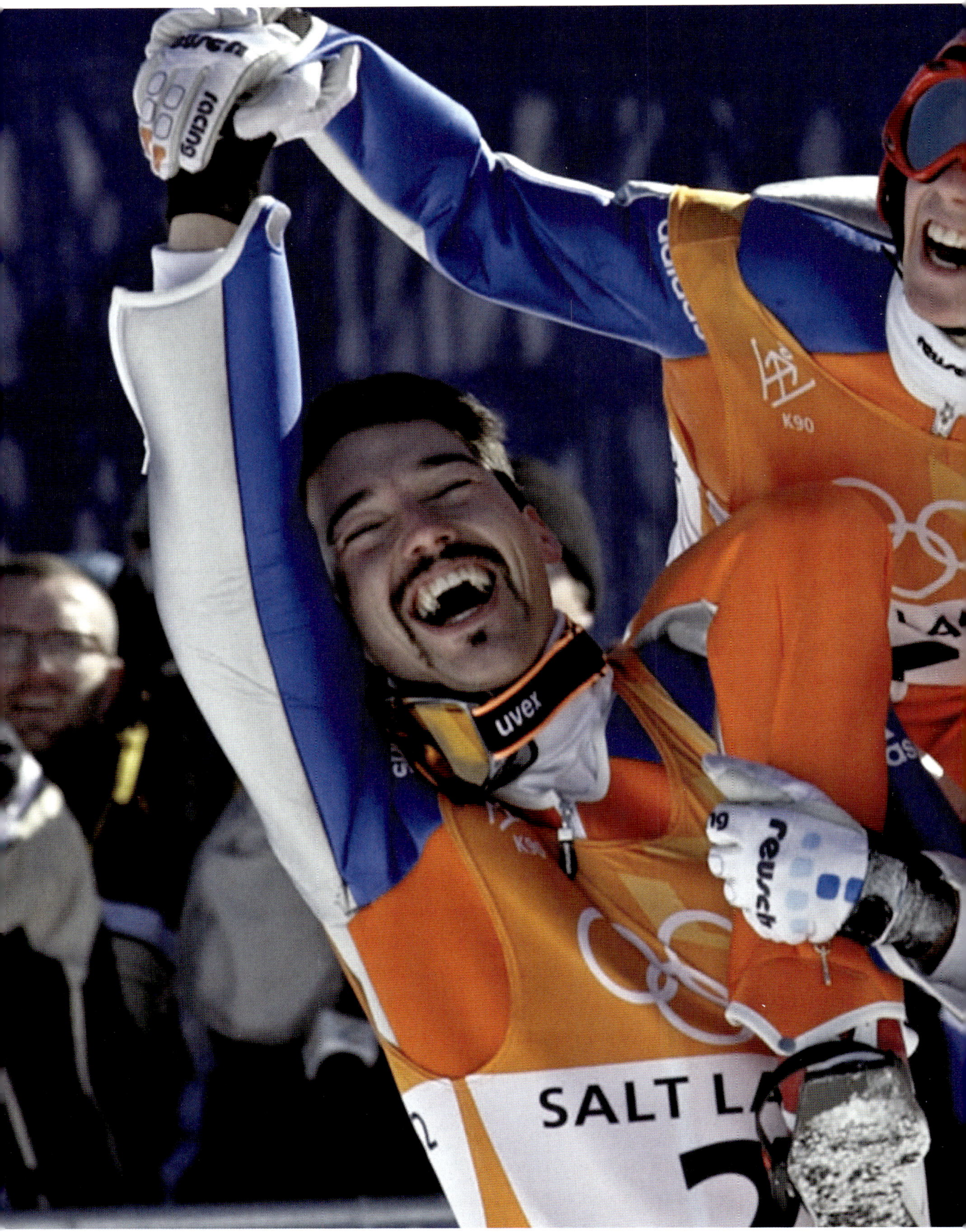
uvex
K90
reusch

068
069

SKISPRINGEN

Abgehoben ohne abzuheben: Ammann (m.) wird in Salt Lake City von Sylvain Freiholz (l.) und Andreas Küttel auf Händen getragen.

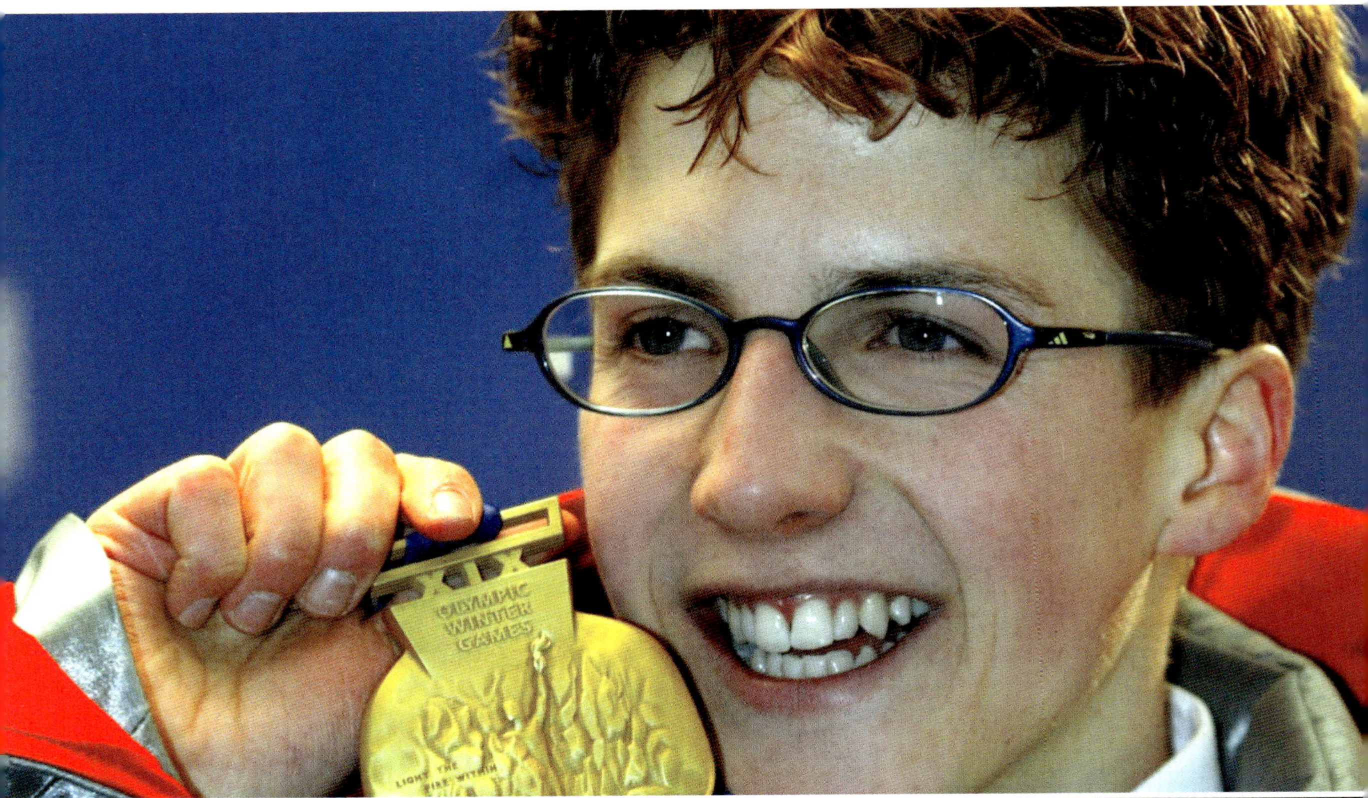
XIX
OLYMPIC
WINTER
GAMES

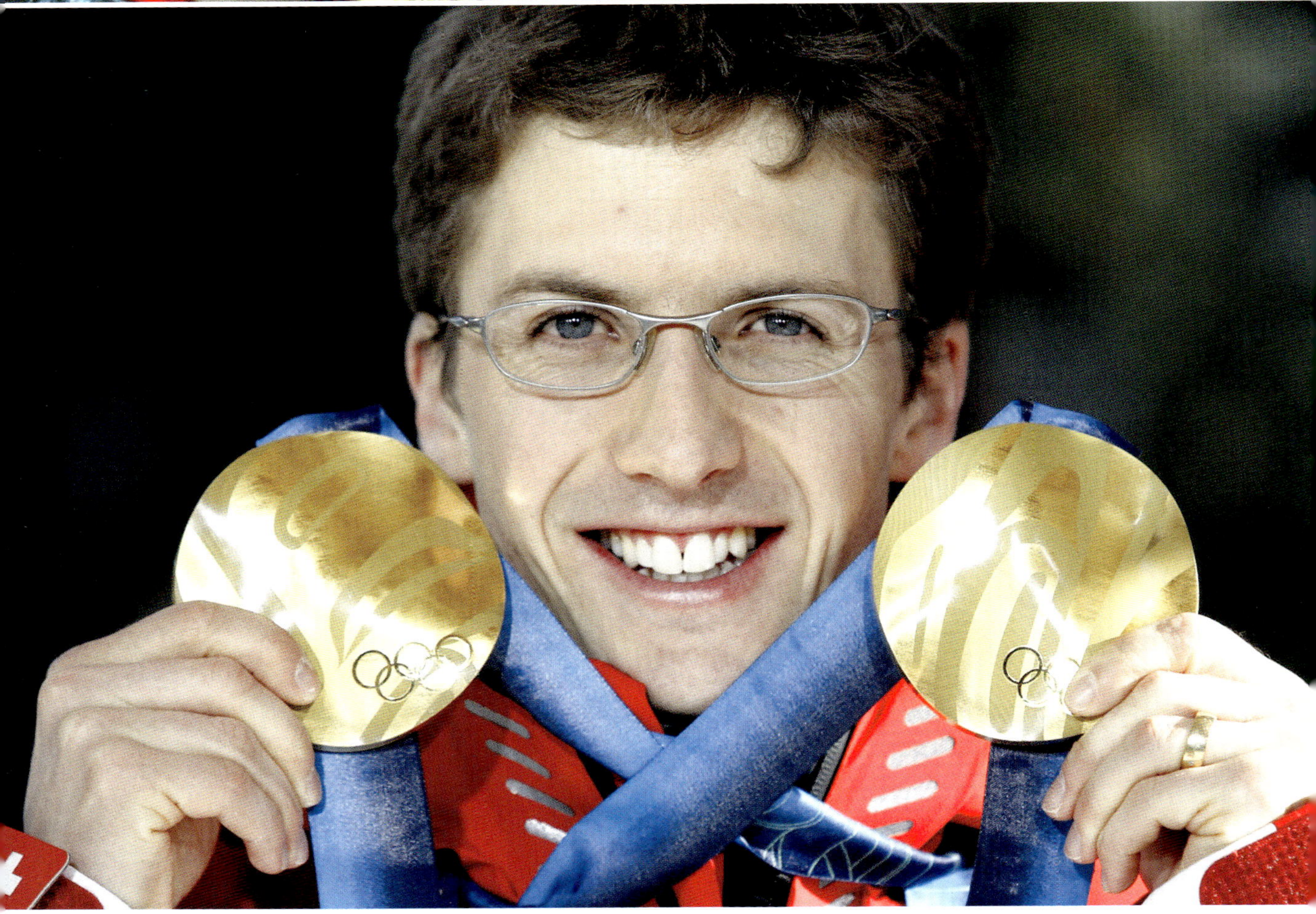

070
071

SKISPRINGEN

links | Brille – Ammann. Simon nach seinem ersten Goldsprung in Salt Lake City 2002 (oben) und acht Jahre später bei der Reprise in Vancouver (unten)

rechts | Olympische Zwischenlandung. In Turin 2006 erlebt Ammann einen Dämpfer.

Nicht Ammann. Er spielte in Vancouver förmlich mit der Konkurrenz und lieferte mit seinen Trainings- und Probe-Sprüngen nicht nur einschüchternde Klassebeweise, sondern er bestimmte indirekt auch die Länge des Anlaufs. In beiden Wettbewerben deklassierte er die Konkurrenz schon im ersten Finaldurchgang – und flog den Sieg danach mit einer schier unglaublichen Coolness nach Hause. Wie bringt er es fertig, in so wichtigen Momenten dem Druck standzuhalten und auf den Punkt die bestmögliche Leistung abzuliefern: «Ich schalte in den Wettkampfmodus lange bevor ich auf dem Anaufturm bin und habe immer mein Programm vor Augen. Der Sprung dauert zwar nur ein paar Sekunden, doch er ist das Resultat stundenlanger Fokussierung und Konzentration.»

Die Österreicher sahen das in Vancouver anders. Sie konstruierten Verschwörungstheorien und riefen «Betrug». Ammanns Bindung sei nicht regelkonform. Erinnerungen wurden wach an die Skiweltmeisterschaften in Crans-Montana 1987, als sich die österreichischen Funktionäre aufgrund der erdrückenden Schweizer Überlegenheit auf die Suche nach dem mythischen Wunderwachs gemacht hatten. Sie sind bis heute nicht fündig geworden. Auch die «Causa Ammann» war nur ein Sturm im österreichischen Wasserglas. Denn die ominöse Bindung war ebenso über alle Zweifel erhaben wie Ammanns Machtdemonstration auf der Schanze. Die Jury wischte alle Zweifel vom Tisch.

Ein Blick in die Geschichtsbücher hätte die gegnerischen Verdächtigungen eigentlich von vornerein entkräften müssen. Denn Ammanns Talent, Kaltblütigkeit und Nervenstärke sind spätestens seit 2002 ein offenes Geheimnis. Damals flog der rotbackige Jüngling auf den Olympiaschanzen von Park City quasi aus dem Nichts zweimal zuoberst aufs Podest. Wie wertet er die damaligen Erfolge im Vergleich zu den Triumphen von Vancouver? Ammann: «In Salt Lake City wurde ich von den Ereignissen schon etwas überrumpelt. Irgendwie war alles nur schwer greifbar. Acht Jahre später wusste ich genau, was es zum Erfolg braucht. Und ich wusste genau, was mich erwartet.»

Durchblick im Retrolook. Simon Ammann setzt in Vancouver auch modische Trends.

Sportlich ist die Bestätigung in Vancouver wohl noch höher einzustufen. Medial setzte Ammann schon in Salt Lake City neue Massstäbe. Seine Auftritte im Schweizer «Silber-Mantel» machten ihn weit über die Sportkreise hinaus populär und verhalfen ihm (als erstem Schweizer Wintersportler überhaupt) zu einem Bildauftritt in der New York Times. «Harry Potter» schrieben die amerikanischen Journalisten begeistert über den jugendlichen Senkrechtstarter mit dem schalkhaften Blick und den neckischen Brillen. Die mediale Krönung war ein Auftritt in der legendären Late-night-Show der New Yorker TV-Ikone David Letterman. Harry Potter verzauberte alle.

Und er tut es je länger je mehr. Während viele seiner Gegner der grossen Nervenbelastung in diesem extremen Sport nur kurzfristig gewachsen sind oder wie Ammanns Vorgänger als erfolgreichster Skispringer, der Finne Matti Nykänen, im zivilen Leben abstürzen, setzt Simon Amman auch mit der Konstanz Massstäbe. Wie lebt es sich als Superstar? Ammann relativiert: «So fühle ich mich nicht. Aber die Siege haben mir die Möglichkeiten gegeben, Aussergewöhnliches zu erleben.» Ammann nennt die Einladung zu einem Flug in einem Kampfflieger der Breitling-Staffel als Beispiel – «und natürlich die Umarmung von Bundespräsidentin Doris Leuthard im Zielraum von Vancouver.» Ein sportpolitischer Schulterschluss auf dem Gipfel des Olymps quasi.

Neben den olympischen Heldentaten umfasst das Palmarès des Toggenburgers unter anderem einen WM-Titel auf der Grossschanze, zwei WM-Medaillen auf der Normalschanze, drei Siege am Holmenkollen, der Triumph im Gesamtweltcup 2009 / 10 sowie die Goldmedaille an den Weltmeisterschaften im Skifliegen 2010 in Planica. Auf seinem 236,5 m langen Flug war Ammann damals rund acht Sekunden in der Luft. «Das war ein Mega-Flug», sagt Ammann rückblickend und gerät ins Träumen: «In Vikersund wird eine Schanze gebaut, auf der 250-m-Sprünge möglich sein sollen.» Es wäre der Flug in eine neue Dimension des Skispringens – und für alle Physiker der letzte Beweis: Der Ikarus aus dem Toggenburg hat die Schwerkraft überwunden.

SKISPRINGEN

ZAHLEN, DIE DAS WINTERSPORTLEBEN SCHREIBT	
29	Diesen Platz belegt der erfolgreichste Schweizer Olympiateilnehmer aller Zeiten (Simon Ammann) im globalen Vergleich der Wintersportler. Den Massstab setzte der norwegische Langläufer Björn Daehlie; er gewann zwischen 1992 und 1998 acht Gold- und vier Silbermedaillen.
8	Sekunden war Simon Ammann bei seinem persönlichen Rekordsprung an der Skiflug-WM 2010 in Planica in der Luft. Die Distanz von 236,5 Metern entspricht im europäischen Bahnverkehr einem Güterzug mit 18 Wagons.

ADOLF OGIS QUANTENSPRÜNGE

ER HATTE VISIONEN UND SETZTE SIE ERFOLGREICH UM. ER KONNTE DIE MENSCHEN BEGEISTERN, WAR MIT IHNEN UND EINER VON IHNEN.

Die Alten oder Älteren, die den 50. Geburtstag bereits hinter sich haben, schwärmen von der Winterolympiade 1972 in Sapporo, dem Schweizer Highlight mit zehn Medaillen, wovon vier goldene. Nadig, Nadig, Russi, Wicki-Bob. «Das waren die für unser Land erfolgreichsten Winterspiele aller Zeiten», behauptet Hans Schweizer (65) im Brustton der Überzeugung. Sein Sohn Kevin (40) kann sich eines müden Lächelns nicht erwehren und widerspricht: «Das ist Nostalgie, Calgary 1988 war besser, fünfmal Gold, Schneider, Schneider, Zurbriggen, Kempf, Fasser-Bob. Sapporo trägt die Nummer 2.» Wohlan, dann halt 1:0 für die Jungen. Oder doch nicht?

So oder so, Sapporo ist eine Rückblende wert. Denn Sapporo wurde zum CH-Sportmonument. An den Winterspielen 1964 und 1968 mussten sich die Schweizer mit zwei Silber- und vier Bronze-Auszeichnungen begnügen. Nie mehr seit 1960 hatten unsere Athletinnen und Athleten, im Sommer und im Winter, Olympia-Gold nach Hause gebracht. Und dann 1972 gleich in vierfacher Ausführung. Auf Japans Nordinsel Hokkaido verging kaum ein Tag ohne Schweizer Medaillenfeier mit dem von Botschafter Giovanni Bucher gespendeten Champagner. Als Edy Bruggmann an der Eröffnungsfeier die Fahne mit dem weissen Kreuz im roten Feld ins Stadion getragen hatte, sagte ein Zuschauer «ich wusste nicht, dass das Rote Kreuz eine Olympiamannschaft stellt». Elf Tage später wussten die meisten Japaner, dass irgendwo im fernen Europa ein Land namens Switzerland existiert. Wohl nie zuvor und nie seither entsandte die Schweiz effizientere Ambassadoren ins Land des Lächelns, nie war unsere Nationalhymne, hitparadeverdächtig, an Winterolympiaden so oft gespielt worden. Die Schweiz rangierte im Medaillenspiegel an 3. Stelle hinter der Sowjetunion und der DDR. Da es die beiden Länder nun nicht mehr gibt, sind wir post festum Sapporos Nummer 1…

Acht der zehn Schweizer Medaillen eroberten die Skiläufer, zwei die Bobfahrer. Nadig, Russi, Bruggmann, Collombin, Mattle horteten ein Drittel aller alpinen Medaillen, zum Leidwesen Österreichs. Dazu kamen Silber für Springer Walter Steiner und Bronze für die 4×10-km-Staffel. Jeden Morgen durfte EMD-Chef Bundesrat Rudolf Gnägi ein Glückwunsch-Telegramm nach Sapporo senden; was zum grössten Teil einem seiner späteren Nachfolger zu verdanken war. Er hiess (und heisst noch immer) Adolf Ogi. Der Berner Oberländer schuf die Basis für das Schweizer Sapporo-Skiwunder schon 1971. Auf seine Initiative und unter seiner Leitung reisten acht Aktive und fünf Fachleute nach Sapporo. Dort erforschten sie Klima und Wetter, vermassen die Pisten, testeten die Küche und brachten tiefgekühlten Sapporo-Schnee in die Schweiz zurück. Wissenschafter untersuchten das asiatische Weiss, Wachsspezialisten experimentierten. Adolf Ogi befasste sich mit jedem Detail und baute während zwölf Monaten am Schweizer Olympiahaus. In Sapporo selbst war der technische Direktor des Skiverbandes Tag und Nacht präsent. Nachts besonders, wenn sein Küken, der knapp 21-jährige Walliser Roland Collombin, mit dem fernöstlichen Nachtleben flirtete. Nach seinem zweiten Rang in der Abfahrt feierte der Romand zusammen mit einem anderen Romand, dem Eishockeyspieler Jacques Poussaz (5 Spiele, 5 Niederlagen), in einem einschlägigen Lokal so lange, bis die beiden fröhlichen Zecher auf Geheiss der Polizei den Rest der Nacht hinter schwedischen Gardinen verbringen mussten. Ogi bekam die zwei Nachtschwärmer am anderen Morgen gegen Quittung frei. Der Abfahrts-Silbermedaillen-Gewinner verabschiedete sich vom Gefängniswärter mit seinem einzigen japanischen Wort: Sayonara, auf Wiedersehen.

Dem olympischen Quantensprung folgte Ogis politischer Quantensprung. Derweil seine erfolgreichsten Schützlinge mit Ausnahme von «Vogelmensch» Walter Steiner nie mehr ganz das Sapporo-Goldniveau erreichten, wurde die japanische Biermetropole zum Trampolin für Ogis steile politische Karriere. Beide profitierten voneinander, der Skisport von Ogi und Ogi vom Skisport. In Sapporos Umfeld skandierten die Fans (der Name des Dichters ist unbekannt) «Ogis Leute siegen heute». Doch auch Ogi selbst siegte. Jede Medaille steigerte des Kanderstegers landesweite Popularität. Ogi entdeckte die Politik, die Politik entdeckte Ogi. 1979 zog der inzwischen der SVP beigetretene und zum SSV-Direktor gewählte 37-jährige Jungpolitiker mit Glanz und Gloria mit 56 235 Stimmen in den Nationalrat ein. Acht Jahre später, am 9. Dezember 1987, wählte ihn die Vereinigte Bundesversammlung als Nachfolger des Bündners Leon Schlumpf zum Bundesrat. Zweimal, 1993 und 2000, war Ogi Bundespräsident. Dann verliess der populäre «Dölf» das höchste Schweizer Gremium und betrat die internationale Bühne. UNO-Generalsekretär Kofi Annan ernannte den vor Tatkraft sprühenden 58-Jährigen zum «Sonderberater für Sport im Dienst von Entwicklung und Frieden». Wohl keinem anderen Schweizer Magistraten – ausser 10 Jahre später Joseph Deiss –

1972 Sapporo, Adolf Ogi, technischer Direktor des Schweizer Skiverbandes, mit der zweifachen Goldmedaillen-Gewinnerin Marie-Theres «Maite» Nadig vom Flumserberg

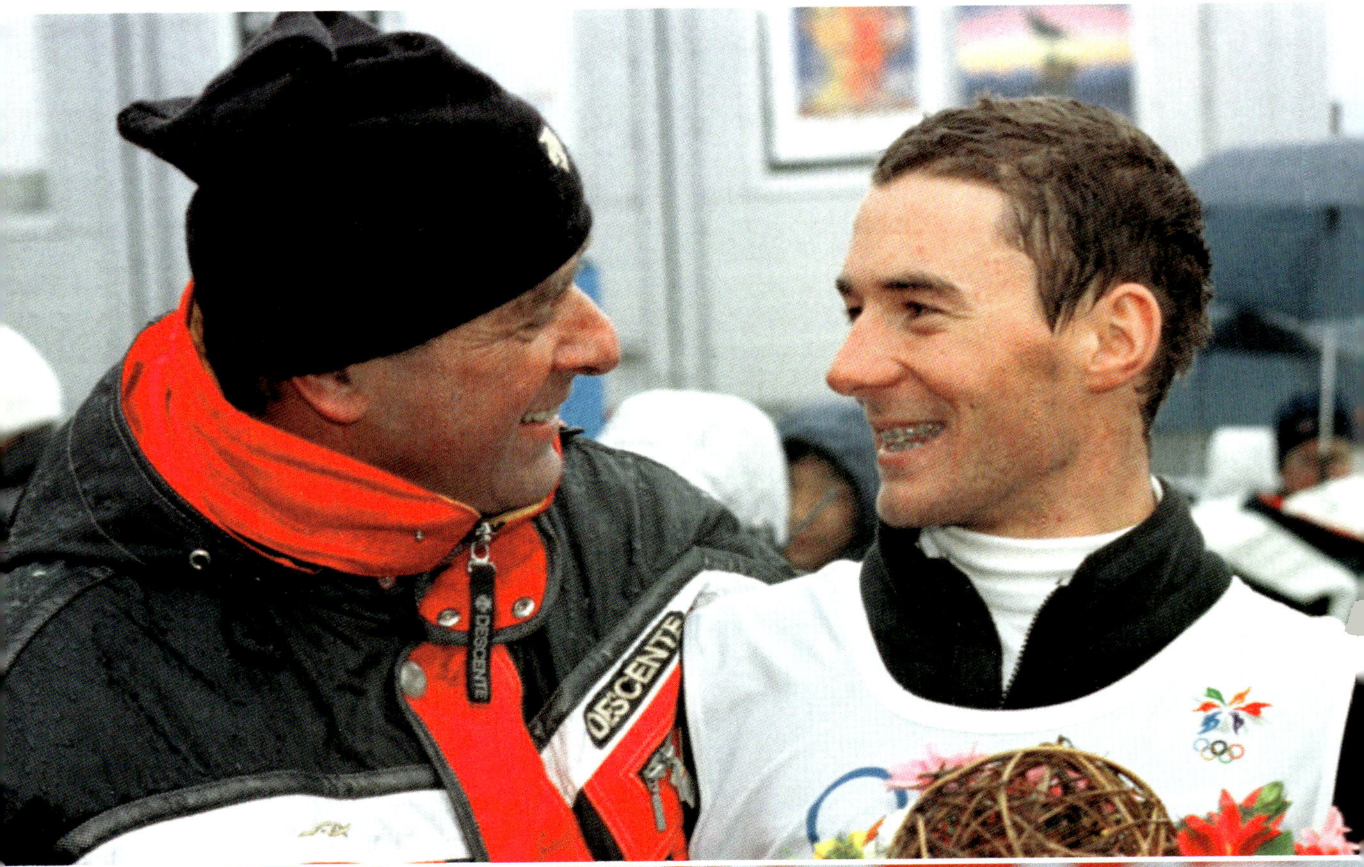
DESCENTE

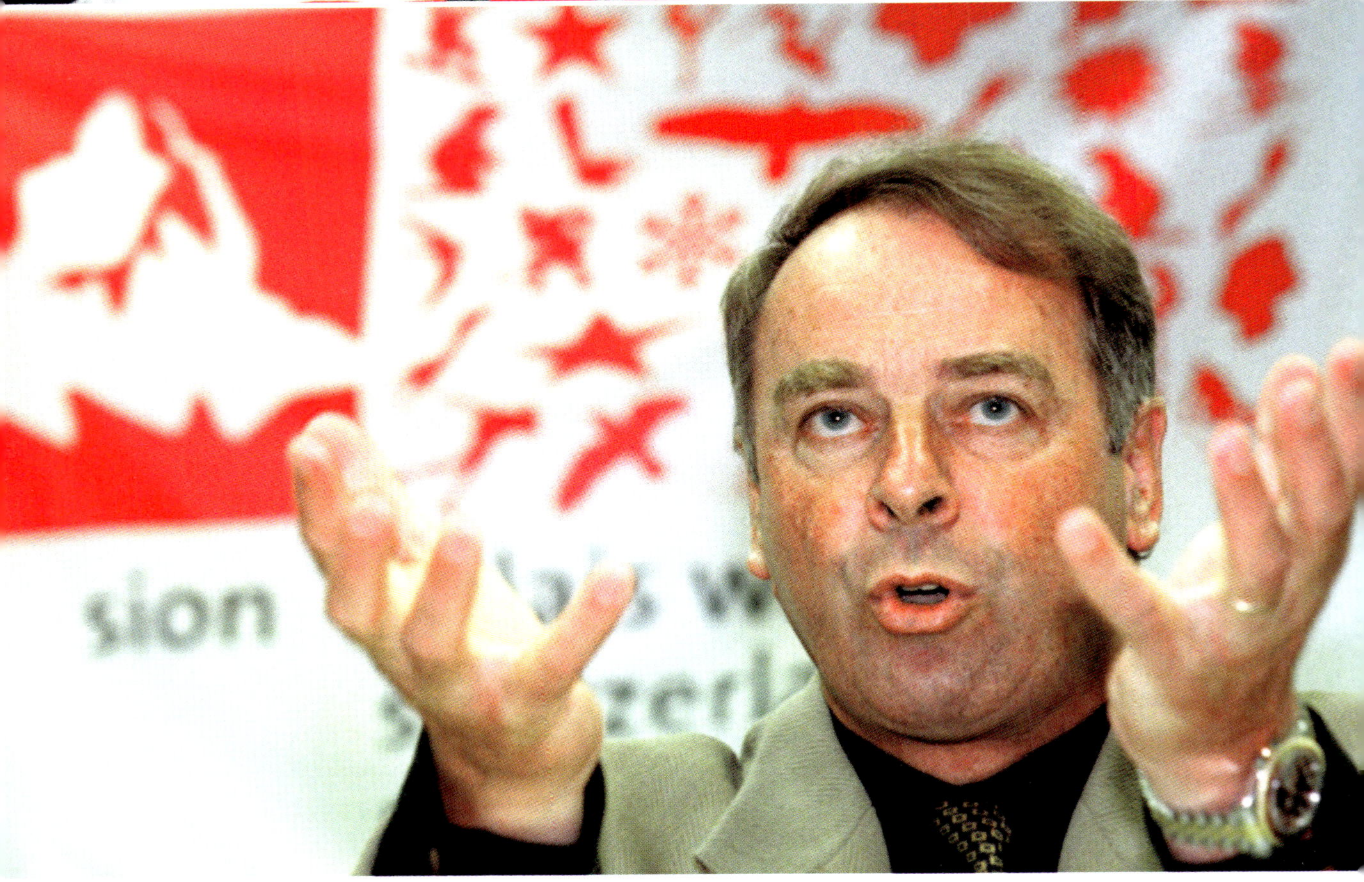
sion

wurde eine ähnliche Ehre zuteil. Und noch keinem anderen SSV-Mann gelang es, seinem Verband so viele Neumitglieder zuzuführen. Nach Sapporo stieg der SSV-Bestand innert Jahresfrist um 30 000 Skifahrerinnen und Skifahrer erstmals auf über 100 000, eine Traumgrenze. Und welcher andere Schweizer schafft es in jedes zweite Kreuzworträtsel? Alt-Bundesrat, drei Buchstaben. Also doch Sapporo – Calgary 1:0 statt 0:1?

Adolf Ogis Ehrungen, Auszeichnungen, Preise, Orden und Meriten würden auch die nächste Seite dieses Buches füllen. Der Ehrendoktor der Universitäten Bern und Genf sowie einiger ausländischer Bildungsinstitute, der preisgekrönte Kämpfer für die Menschenrechte, der Gewinner des Europäischen Solarpreises, der Träger des Olympischen Ordens, das Ehrenmitglied der Organisation Green Cross International, der Schirmherr des Unesco-Welterbes Schweizer Alpen Jungfrau-Aletsch, und, und, und ... erlitt dann und wann auch Niederlagen. Eine dieser Enttäuschungen schmerzte ihn besonders. Der Vorsitzende der Walliser Winterolympia-Kandidatur 2006 verdrückte wohl heimlich zwei, drei Tränen: 59:46 für Turin, 46:59 gegen Ogi und Sitten.

Doch die Siege überwogen. In Sapporo und Bern. Der seit 1972 mit Katrin, geborene Marti, verheiratete Bergführer-Sohn erklomm viele Höhen, real fast alle Schweizer Viertausender, virtuell als Politiker den Mount Everest. Auf seinen Hausbergen Blüemlisalp und Gemmi soll er fast mehr gewesen sein als im Berner Bundeshaus.

Nach einer komplizierten Rückenoperation im Sommer 2010 mussten Gemmi, Blüemlisalp, Klettertouren und Golf (Handicap 16,7) vorübergehend hinten anstehen, doch jetzt scheint Ogi, einige Kilo leichter, wieder fit wie eh und je. Sport ist nach wie vor sein Lebenselixier. Aktiv und passiv. Nach jedem WM-Spiel Ghanas rief Kofi Annan im Spital oder in der Rehaklinik an und diskutierte mit Dölf über Ghanas verschossene Elfmeter, die Schiedsrichter, die Vuvuzelas, den Jabulani-Ball oder den Tintenfisch Paul. Die einstige politische Zusammenarbeit wurde zur echten Freundschaft zwischen zwei geistesverwandten Ruheständlern im Unruhezustand.

Nicht zuletzt dank Adolf «Dölf» Ogi (oben mit Olympiasieger Gian Simmen) erhöht sich der SSV-Mitgliederbestand 1972 / 73 um 30 000 auf über 100 000.

SKI NORDISCH | **VORBEI DER DORNRÖSCHENSCHLAF**

DIE GLORRREICHEN VIER ALBERT GIGER, EDI HAUSER, ALFRED KÄLIN UND ALOIS KÄLIN GEWANNEN 1972 IN SAPPORO BRONZE IN DER 4×10-KM-LANGLAUFSTAFFEL.

Von 1924 bis 1966 fanden zwei Dutzend nordische Welttitelkämpfe statt, davon neun mit olympischem Status. Nomen est omen; sie wurden vorwiegend von Nordländern dominiert. Schweizer durften ebenfalls mitmachen. Als Komparsen. Erst an den Olympischen Winterspielen 1968 in Grenoble machten zwei Schweizer «Rebellen» im Schatten der anderen Achtundsechziger Schlagzeilen. Mit Alois Kälin und Sepp Haas erwachte der Schweizer Langlauf aus dem Dornröschenschlaf: der Einsiedler Buchdrucker mit Kombinations-Silber und der Entlebucher Förster mit Bronze in der Langlauf-Königsdisziplin 50 km. Nach diesen Erfolgen brach einer Sturzflut gleich die Langlaufwelle über die Schweiz herein. Das bisher von den Pistenfahrern eher mitleidig belächelte Loipenvölklein erhielt Verstärkung aus allen Kreisen und Sparten. Der Sport der Individualisten wurde zum Sport der Masse. «LLL, Langläufer leben länger» fand Aufnahme im Schweizer Vokabular. Die Springer antworteten: «SSS, Springer sterben später.» Und die Versicherer freuten sich. Wer länger lebt und später stirbt, zahlt länger Prämien.

Sepp Haas und Alois Kälin waren ohne es zu ahnen auch Initianten eines sportlichen Naturereignisses. Der Funke sprang im Zug zwischen Grenoble und Zürich, auf der Heimfahrt von den Olympischen Winterspielen 1968. Drei St. Moritzer vom Skiclub Alpina und ein Zürcher Journalist stiessen auf Silber und Bronze unserer Medaillengewinner an. Das Engadin war damals die Schweizer Langlauf-Hochburg. Nach dem zweiten oder dritten Glas nahm das Gespräch Konturen an: «Wir organisieren im Engadin einen aussergewöhnlichen Skilanglauf», schlug einer vor. «Er müsste das ganze Oberengadin umfassen, von Maloja bis Zuoz», ergänzte ein anderer. «Das wäre ziemlich genau die klassische Marathondistanz 42,195 km», wusste der Dritte. «Ein Marathon im Engadin, für Elite- und Volksläufer, für Männer und Frauen, ich stelle mich gratis als Speaker zur Verfügung», echote der Journalist und Co-Autor dieses Buchs. Gesagt, getan! Ein Jahr später stieg die Premiere. OK-Chef Albert Scheuing liess 250 Startnummern anfertigen. Wegen des unerwartet grossen Interesses musste er 750 Nummern nachbestellen. 950 Teilnehmer meldeten sich an, 856 stellten sich vor dem Maloja Palace dem Starter, 764 erreichten das Ziel. Die Presse schenkte der neuen Veranstaltung wenig Interesse; der Mitarbeiter der Fachzeitung «Sport» schrieb ein paar Zeilen über den von ihm «Malojalauf» genannten neuen Wettkampf. Er und seine Kollegen realisierten nicht, dass sie der Taufe des Engadin Skimarathons beigewohnt und am Ursprung eines der bedeutendsten Schweizer Sportanlasses gefroren hatten, eines Sportanlasses, der künftig Jahr für Jahr über 12 000 Läuferinnen und Läufer mobilisierte, eines Sportanlasses, der das Engadin am zweiten März-Wochenende jeweils wie ein Naturereignis heimzusuchen pflegt. Wie sich inzwischen herausgestellt hat, war die 1968 im Zug geborene Idee keine Bieridee. Die vier Reisenden stiessen damals mit Wein auf Sepp Haas und Alois Kälin an.

078
079

SKI NORDISCH

Der St. Moritzer Typograph
Albert Giger, Nr. 2 der
Schweizer «Bronze»-Staffel
1972 in Sapporo.

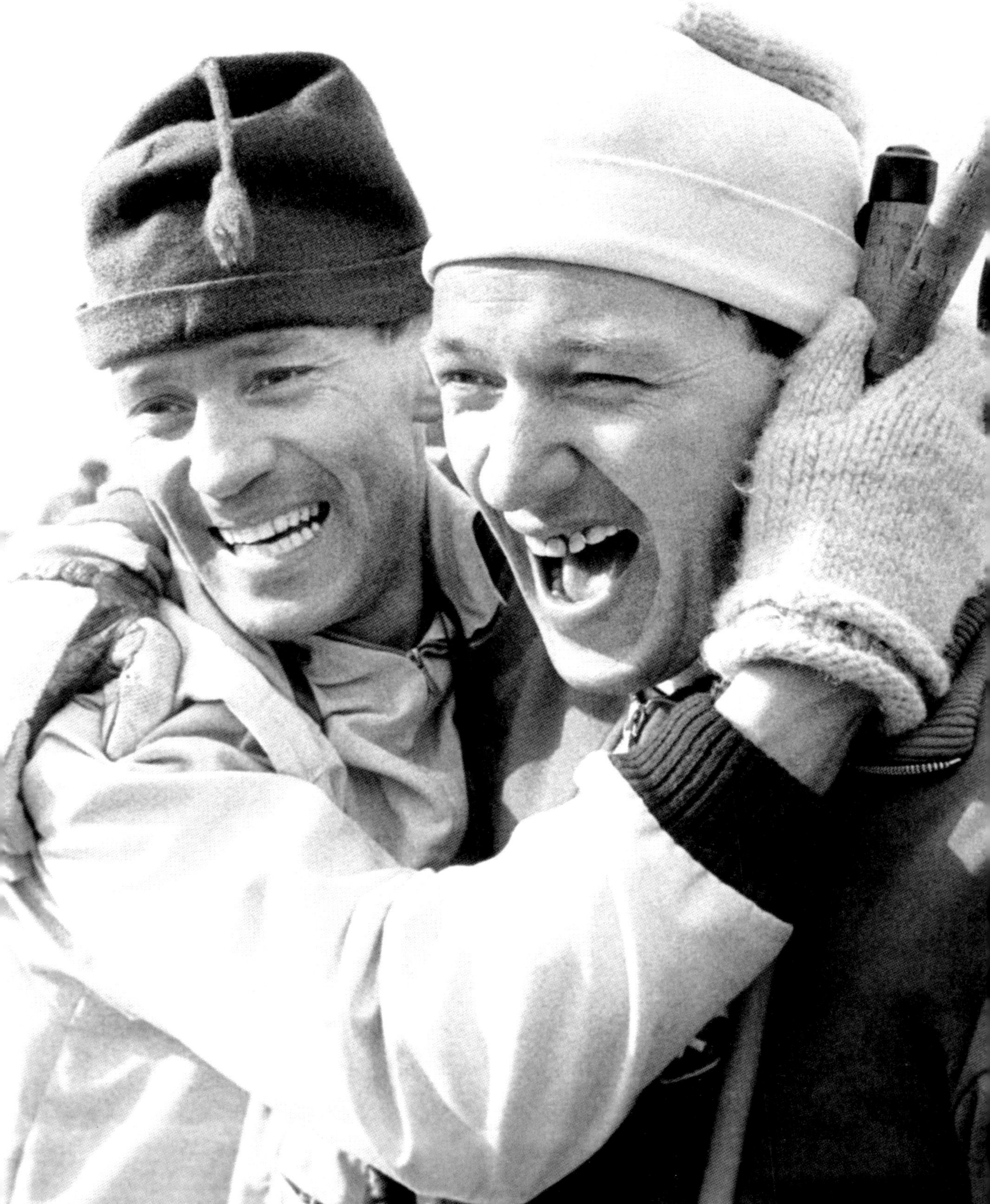

SKI NORDISCH

Der Entlebucher Sepp Haas
(Bild rechts) gewinnt 1968
in Grenoble Olympia-
Bronze über 50 km und
freut sich zusammen
mit seinem schwedischen
Trainer Lennart Olsson
(links) über den
sensationellen Exploit

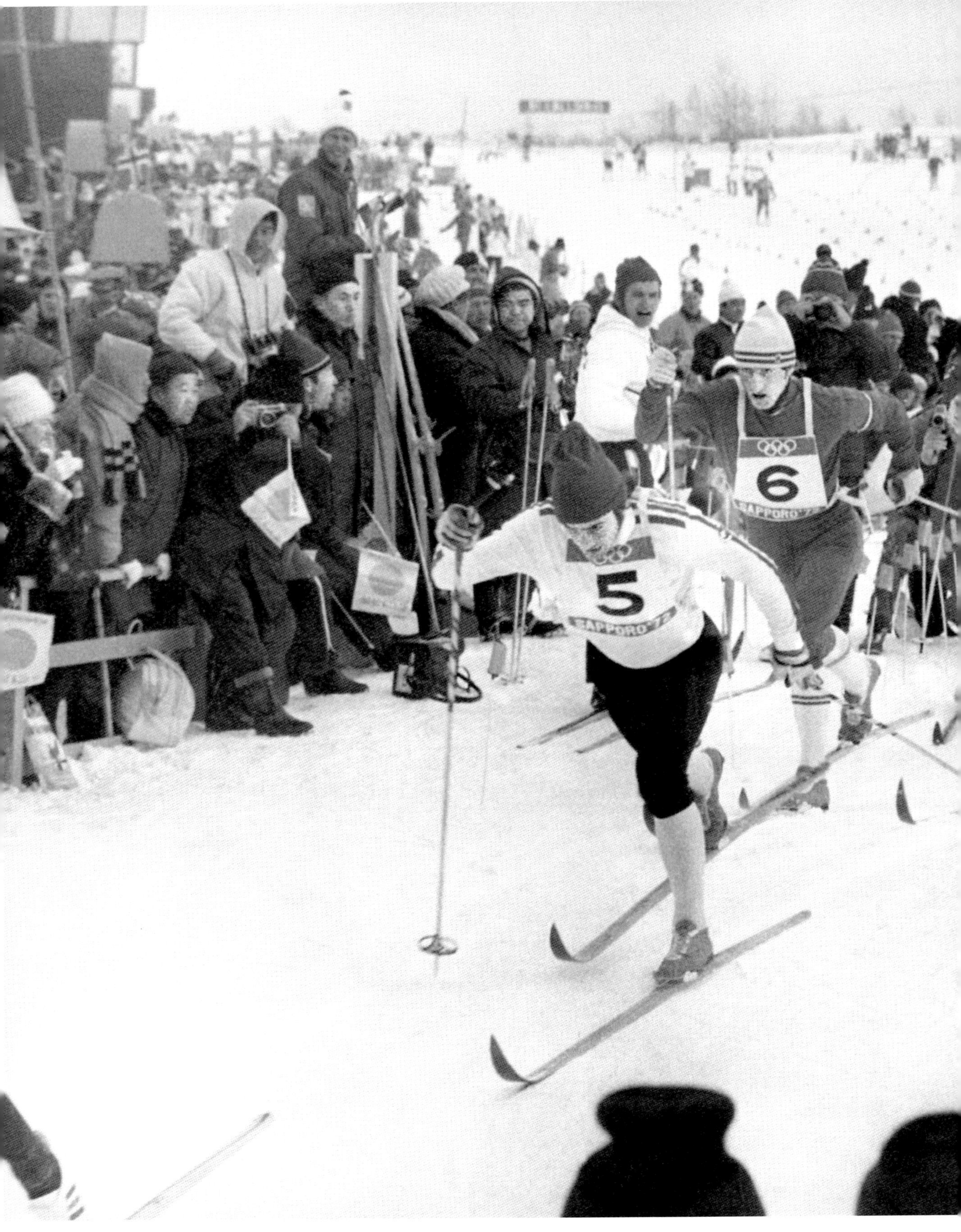
6
5
SAPPORO

082
083

SKI NORDISCH

Der Einsiedler Alfred «Fredel» Kälin (Startnummer 5) führt 1972 in Sapporo das Feld der 4×10-km-Staffelläufer an und legt den Grundstein für die unerwartete Olympia-Bronzemedaille.

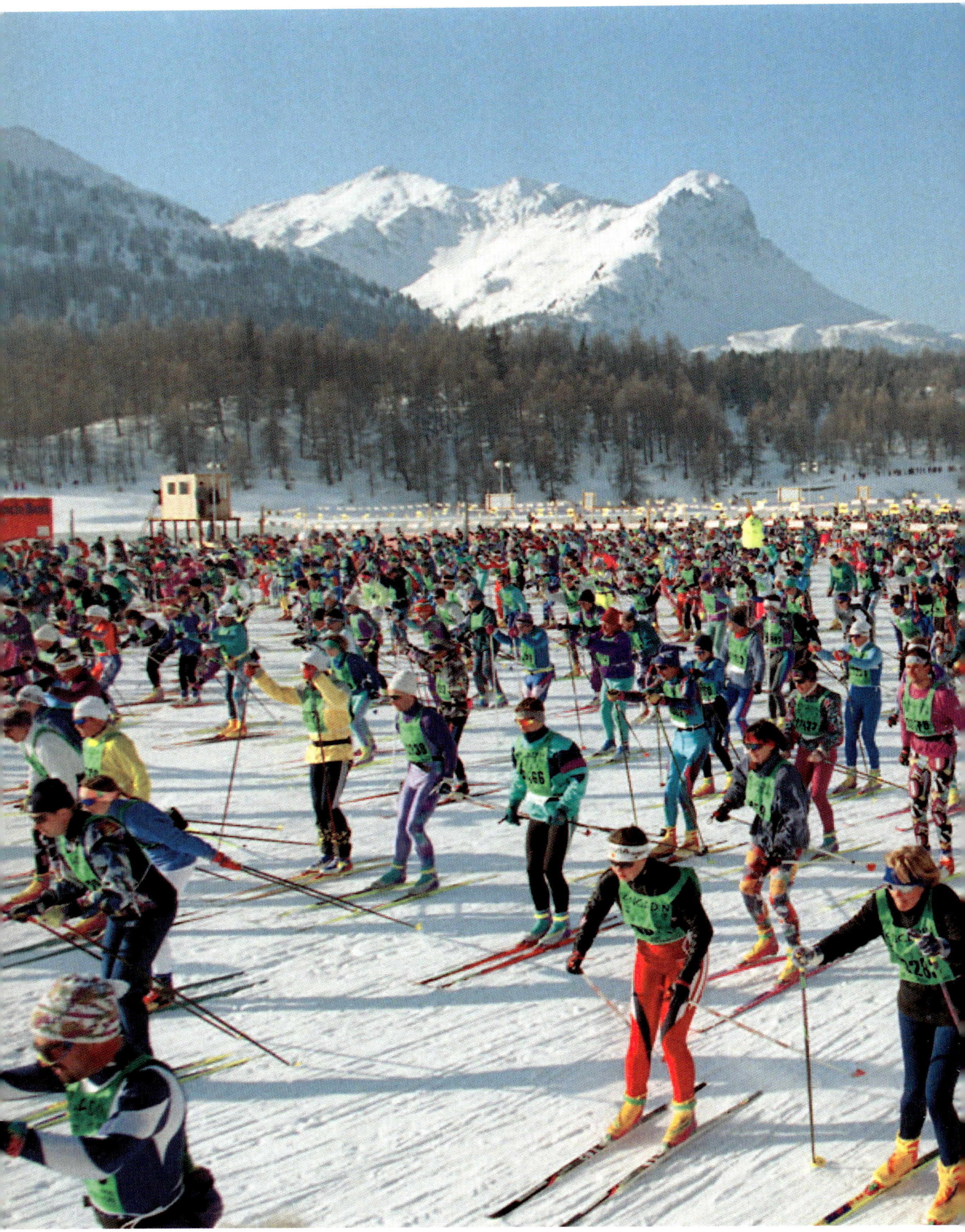

004
005

SKI NORDISCH

Der Engadin Skimarathon ist seit 1969 am zweiten März-Sonntag Jahr für Jahr ein «Naturereignis» mit über 12 000 Läuferinnen und Läufern.

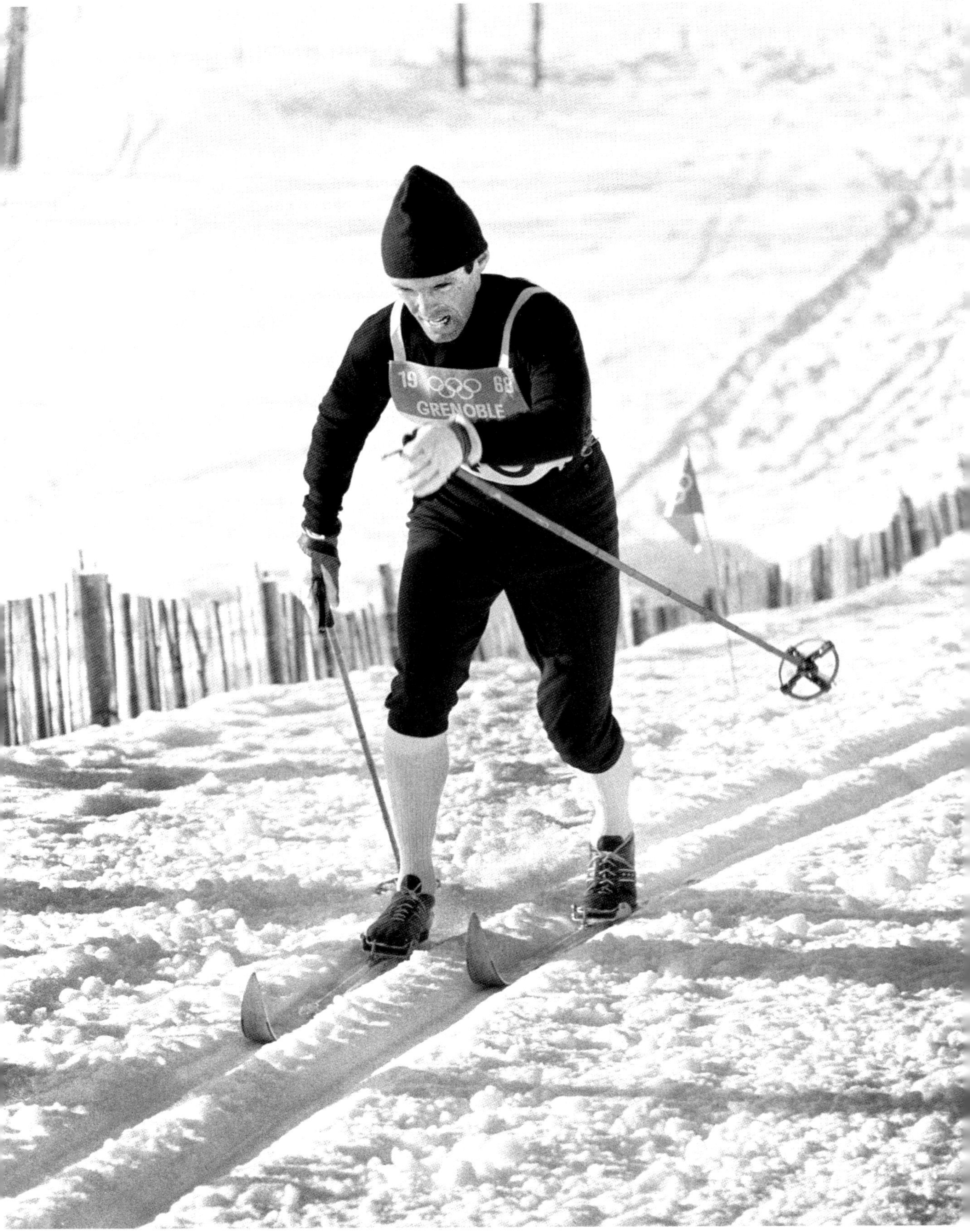
19 68
GRENOBLE

Vier Jahre nach Grenoble schlugen unsere Langläufer erneut zu. Die Schweizer Olympiadelegation kehrte 1972 mit zehn Medaillen, davon vier goldenen aus Sapporo zurück. Doch die in vielen Augen kostbarste, weil sensationellste, war die Bronzene und gehörte dem Quartett der 4×10-km-Staffel.

Die glorreichen Vier: Albert Giger, 25 Jahre alt, Gewicht 58 kg, Typograph, St. Moritz; Edi Hauser, 23 Jahre alt, Gewicht 58 kg, Landwirt, Selkingen VS; Alfred Kälin, 23 Jahre alt, Gewicht 67 kg, Werkzeugmacher, Einsiedeln; Alois Kälin, 32 Jahre alt, Gewicht 60 kg, Buchdrucker, Einsiedeln.

Teambenjamin Alfred «Fredel» Kälin hielt sich als Startmann ausgezeichnet und übergab an vierter Position Albert Giger, mit nur 44 Sekunden Rückstand auf die führende Sowjetunion. Giger fiel zwar auf den sechsten Platz zurück, verringerte aber, vorentscheidend, den Zeitverlust zum schwedischen Läufer auf 24 Sekunden. Spiritus Rector Alois «Wiesel» Kälin realisierte auf dem dritten Abschnitt Bestzeit, überholte zwei Konkurrenten und brachte die Schweiz an vierte Stelle. Edi Hauser ging 2 Sekunden nach Schweden, 22 Sekunden nach der Sowjetunion und 1:23 nach Norwegen in die Loipe. Um in die Medaillenränge vorstossen zu können, musste der Walliser Schweden hinter sich bringen. Doch das schien absolut unmöglich, denn dessen Schlussläufer war der bärenstarke 15-km-Olympiasieger Sven-Ake Lundbaeck. Hauser, einer der besten Sprinter, verhielt sich taktisch klug, schloss bald zum Schweden auf, blieb mit ihm in Tuchfühlung, attackierte erst in der letzten Steigung und bezwang Lundbaeck «nach einem heroischen Endkampf» («Walliser Bote») um ein paar Skilängen. Schweden trauerte, die Schweiz jubelte! Besonders im Klosterdorf Einsiedeln herrschte eitel Sonnenschein. Pater Kassian, 2009 verstorbener Sohn des ehemaligen Bundesrates Philipp Etter, gestand Jahre später: «Am Sonntag in der Früh' hatte ich es vernommen. Unsere Langlaufstaffel mit zwei Einsiedlern gewann in Sapporo Bronze. Der Staffellauf wurde am Fernsehen zeitverschoben gezeigt, morgens um halb acht, genau zur Zeit, da wir uns in der Kirche zum Chorgebet versammeln mussten. Ich habe wirklich innerlich gekämpft und am Schluss des Kampfes zu mir gesagt, beten kannst du immer wieder, aber diesen Staffellauf siehst du nie mehr. Eine Minute nach Beginn des Chorgebetes schlich ich klammheimlich ins klösterliche Fernsehzimmer, und siehe da, hier sassen 15 fromme Mönche, die sich sonst kaum für Spitzensport interessierten.»

SKI NORDISCH

ZAHLEN, DIE DAS WINTERSPORTLEBEN SCHREIBT

1971 am Holmenkollen-Lauf demonstrierte der deutsche Gerhard Grimmer, wie man mit einseitigem Schlittschuhschritt und Oberarmstössen ohne umzuwachsen einen drei Kilometer langen Anstieg bewältigen kann. Damit war Grimmer einer der ersten Vorboten der Skatingtechnik. Das historische Ursprungsrecht gehört aber dem Finnen Pauli Siitonen. Er kultivierte Mitte der 1970er-Jahre diese Technik und etablierte den Siitonen-Schritt in der Wintersport-Terminologie.

Alois «Wisel» Kälin 1968 in Grenoble auf dem Weg zu Olympia-Silber in der nordischen Kombination. Der Einsiedler weckt zusammen mit Sepp Haas den Schweizer Langlauf aus dem Dornröschenschlaf.

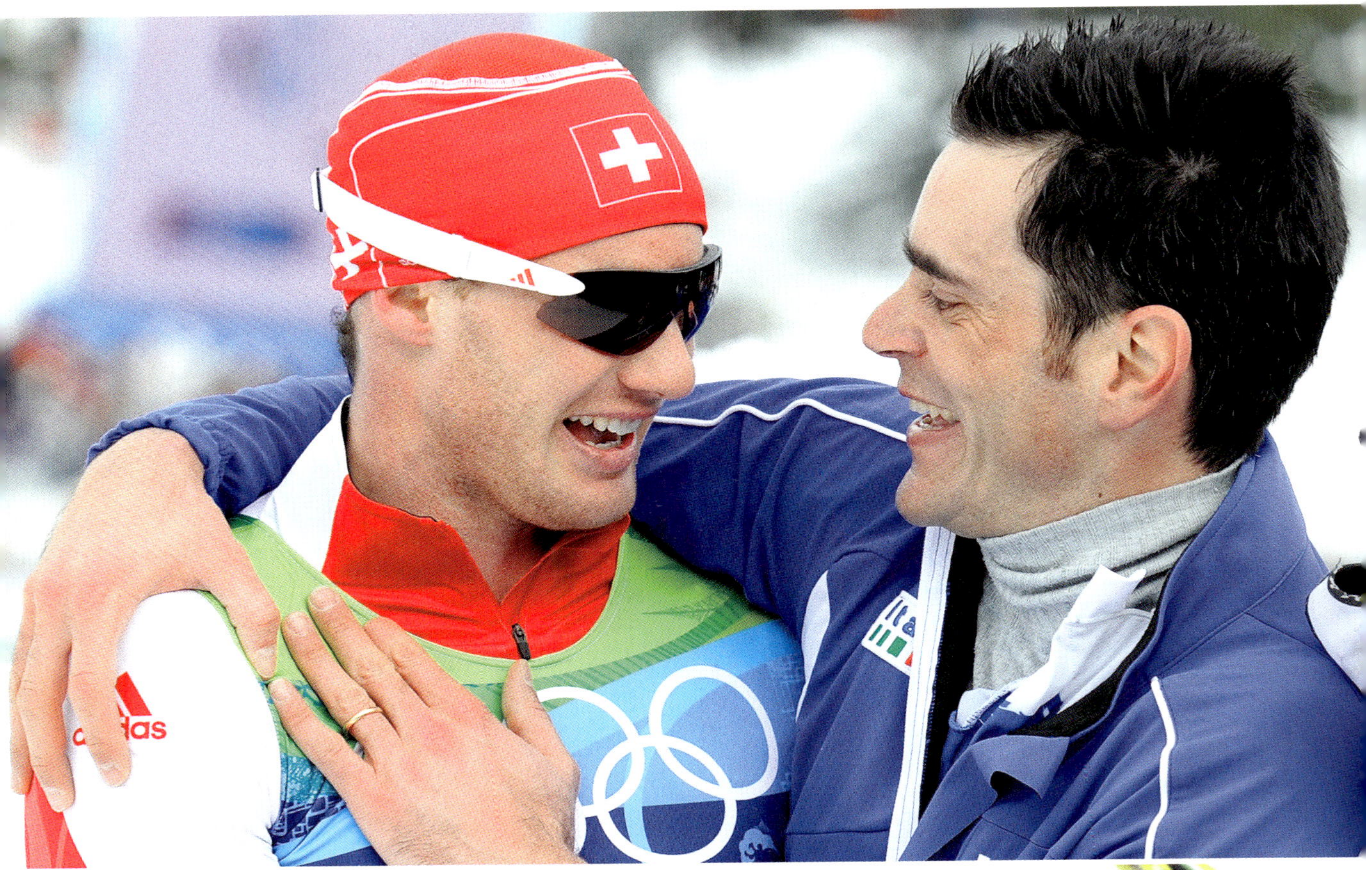

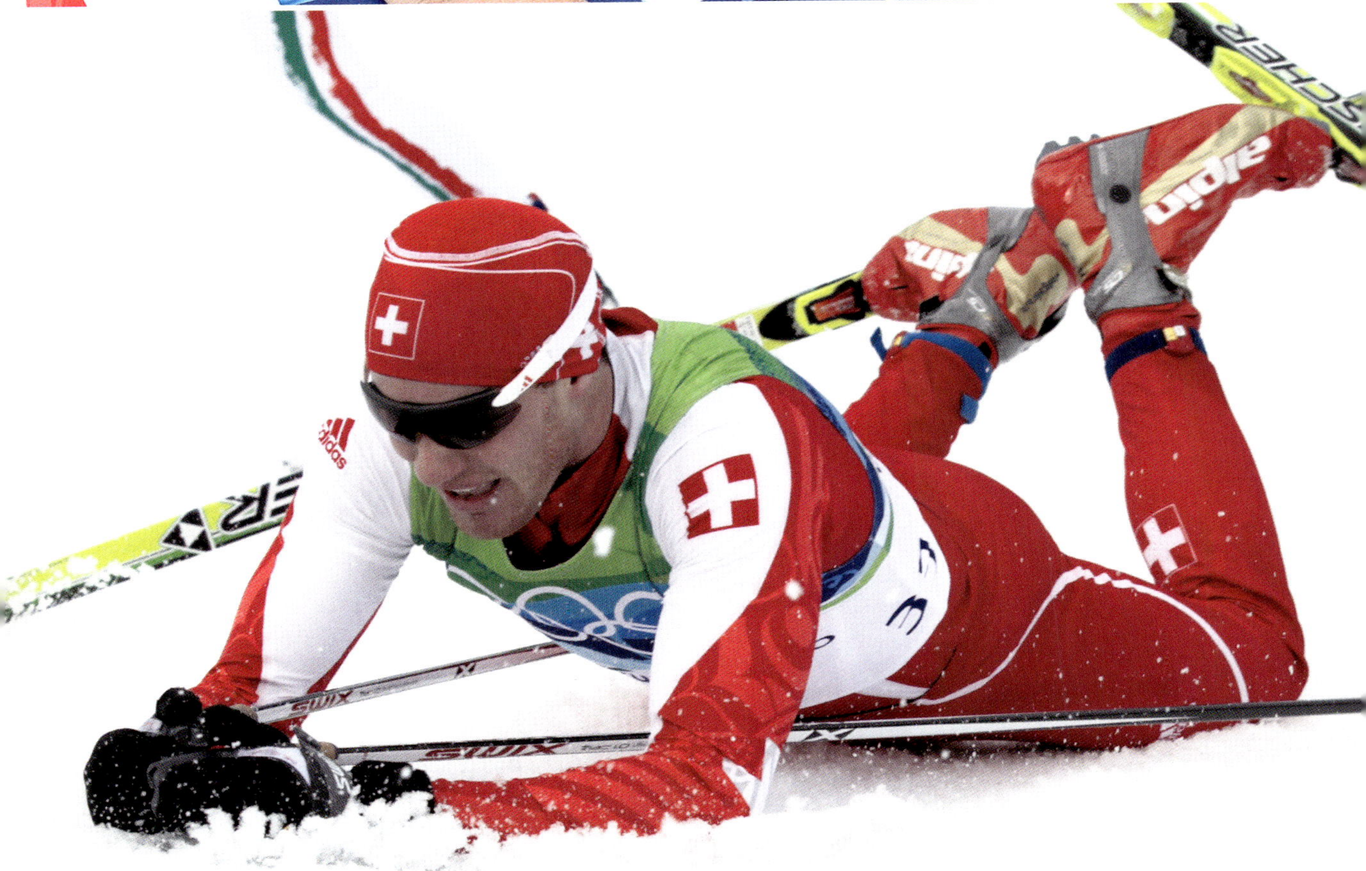
SWIX

WUNDERLÄUFER AUS DEM MÜNSTERTAL MIT DEM TRIUMPH IN VANCOUVER SCHRIEB DARIO COLOGNA EIN SPORTMÄRCHEN. ALS ERSTER SCHWEIZER LANGLÄUFER LIEF ER ZUOBERST AUFS OLYMPIAPODEST.

Simon Ammann war der Überflieger der Olympischen Spiele in Vancouver. Didier Défago und Carlo Janka machten bergab Nägel mit goldenen Köpfen. Skicrosser Mike Schmid sorgte für den emotionalen Farbtupfer. Was die historische Dimension und die sportliche Einzigartigkeit betrifft, überstrahlte eine Medaille an den 21. Winterspielen aus Schweizer Sicht alles: Das Gold von Dario Cologna über 15-km-Skating in den Langlaufwettbewerben.

Es war der erste Olympiasieg eines Schweizer Langläufers überhaupt. Und er fiel mit einer Deutlichkeit aus, wie sie die Fachwelt nie für möglich gehalten hatte. Cologna, eigentlich ein Spezialist für Massenstartrennen, erteilte der Konkurrenz in dieser Prüfung mit Intervallstart ab dem ersten Meter eine Lektion in Sachen Rennintelligenz, taktischem Gespür und Durchstehvermögen. «Das war ein überwältigendes Glücksgefühl. Als Kind träumt man vom Olympiasieg. Und plötzlich wird er Realität. Das Rennen lief so gut, dass mir schon auf dem letzten Kilometer bewusst wurde, dass es zu Gold reichen würde.»

Nur der favorisierte Schwede Marcus Hellner war zunächst schneller als Cologna. Doch dann änderten sich die Verhältnisse sukzessive zugunsten des Schweizers. Der Kreis der Medaillenanwärter reduzierte sich praktisch mit jedem Meter. Ab der zweiten Runde akzentuierte sich die Rollenverteilung. Cologna – nun völlig entfesselt – spielte mit den Gegnern Katz und Maus – bis zum glanzvollen Abschluss. Im Ziel lag er 24,6 Sekunden vor Piller Cottrer und 35,7 Sekunden vor Lukas Bauer. Auf der 15-km-Distanz entspricht das einer halben Ewigkeit.

Der grandiose Triumph war der letzte Beweis für das herausragende Talent des Bündners mit italienischen Wurzeln – und seine phänomenale Athletik. Cologna ist punkto Körperbau, Lungenvolumen und Regenerationsfähigkeit prädestiniert für den Ausdauersport. Gleichzeitig macht ihn seine Schnellkraft auch zu einem Sprinter – und damit zum perfekten Allrounder. Sowohl in Rennen über 50 km wie in Sprintwettbewerben besitzt er die Lizenz zum Siegen. Doch in diesem Sport, in dem die Läufer oft an (und über) die eigenen Grenzen gehen, ist auch erhöhte Leidensbereitschaft gefragt. «Man muss sich etwas quälen können, sonst bringt man es zu nichts. Aber wenn man dann im Ziel ist und etwas erreicht hat, ist das schon ein gutes Gefühl. In Vancouver war es definitiv ein schönes Leiden», sagt der Olympiasieger mit einem Augenzwinkern.

Wie hat die Goldmedaille sein Leben verändert? Cologna, der schon auf Junioren-Stufe Massstäbe setzte und unter anderem dreimal Gold an U23-Weltmeisterschaften gewonnen hatte, stellt den Olympiasieg in einen grösseren Zusammenhang: «Zur grössten Veränderung kam es nach der Saison 2008 / 09. Damals gewann ich die Tour de Ski und den Gesamtweltcup. Bis zu jenen Erfolgen war ich ausserhalb der Langlaufkreise ziemlich unbekannt. Das änderte sich markant. Der Olympiasieg bedeutete aber eindeutig einen weiteren Schritt. Olympische Spiele sind in jeder Beziehung eine Dimension grösser als der Weltcup.» Das bekommen auch die Bündner Postboten zu spüren. Im Elternhaus in Müstair und an seinem Wohnort Davos trifft die Fanpost in einer derart grossen Menge ein, dass Cologna die Schreibarbeit nicht mehr bewältigen kann. Seine Mutter Christine hat das übernommen. Ausserdem ist Cologna einer der ganz wenigen Sportler mit grenzüberschreitendem Anhang. Er besitzt Fanclubs in Graubünden und im benachbarten Südtirol.

Es fehlte nicht viel, und seine Erfolgsgeschichte wäre schon in Vancouver um ein weiteres Kapitel ergänzt worden. Im 50-km-Lauf, der Königsdisziplin in dieser Sportart, lief Cologna

SKI NORDISCH

oben | Herzliche Gratulation vom härtesten Konkurrenten: Dario Cologna (l.) wird nach seinem Triumph in Vancouver vom zweitplatzierten Pietro Piller Cottrer (r.) umarmt.

unten | Bis zur totalen Erschöpfung. Mit läuferischer Eleganz allein gewinnt nicht einmal Ausnahmekönner Cologna.

3.3 km ←

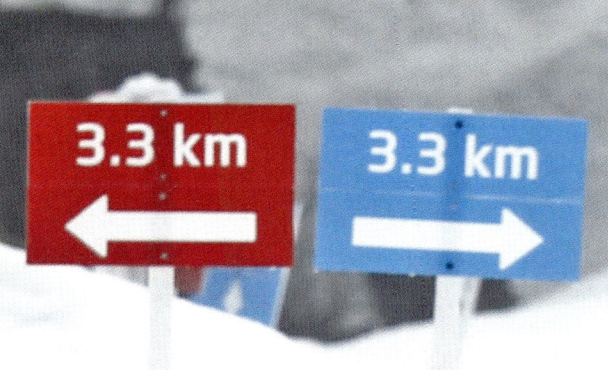

3.3 km →

NO COACH ZONE

090
091

SKI NORDISCH

Die richtige Abzweigung gefunden. Im Staffelrennen bleibt die Schweiz in Vancouver zwar ohne Medaille, aber über 15 km Skating sorgt Cologna für den grössten Sieg der Geschichte.

ein taktisch hervorragendes Rennen. Er wurde mit jedem Schritt stärker und brachte seine Gegner auf den letzten 10 km mehr als einmal in Zugzwang. 22 Jahre nachdem Andi Grünenfelder über diese Distanz in Calgary Olympia-Bronze gewonnen hatte, schien auch für ihn der Weg aufs Podest geebnet. Schien. In einem dramatischen Schlussspurt war Cologna auf Silberkurs. Doch in der letzten Linkskurve kollidierte er mit dem Schweden Johann Olsson, verlor das Gleichgewicht und musste seine Medaillenträume im kanadischen Schnee begraben. Die Schweizer Presse kürte Cologna zum «tragischen Helden von Vancouver» – eine Einschätzung, die ein leicht verzehrtes Bild zeichnet. Denn allein mit seinem Husarenstreich über 15 km hatte er für das schönste Glanzlicht in der Schweizer Langlauf-Geschichte gesorgt. «Es wäre nicht normal, wenn mich dieser Sturz nicht geärgert hätte. Die zweite Medaille wäre bereitgelegen. Aber letztlich zählt der Olympiasieg.»

Der Triumph von Vancouver steigerte auch den Marktwert. In einer Sportart, in der in der Schweiz die meisten Athleten von der Hand in den Mund leben, geniesst Cologna nun eine Sonderstellung. «Auch in dieser Beziehung hat der Sieg an der Tour de Ski viel ausgelöst. Plötzlich meldeten sich die Medien. Es wurde viel leichter, Sponsoren zu finden.» Mittlerweile ist Cologna in einer derart privilegierten Situation, dass er den Norweger Fredrik Aukland nach dessen Rücktritt als Trainer bei Swiss-Ski auf privater Basis weiterverpflichten konnte. Der Schweizer Trainer des Jahres 2009 und persönliche Freund Colognas erstellt die Trainingspläne und reist zu den wichtigsten Wettkämpfen.

Wo liegen die Grenzen des Schweizer Wunderläufers? Manager Marc Biver setzte die Messlatte branchenübergreifend hoch: «Dario ist der Pirmin Zurbriggen des Langlaufsports.» In Sachen Veranlagungen, Siegeswillen und Professionalität trifft dieser Vergleich perfekt zu. Zudem besitzt Cologna, der weiterhin von der Schweizer Armee zu 50 Prozent als Zeitsoldat angestellt ist, ausgesprochene polysportive Fähigkeiten. Vermutlich hätte er es auch als Radrennfahrer oder im alpinen Skisport weit gebracht. Als Junior kickte der italienisch-schweizerische Doppelbürger ausserdem mit Leidenschaft für den FC Taufers im Südtirol. Erst mit 12 Jahren wechselte er in die Loipe und forcierte am Sportgymnasium in Ftan seine Karriere. Weshalb hat er sich für den Langlaufsport entschieden? «In einem Mannschaftssport hängt viel auch von Glück ab. Ich bevorzuge den Einzelsport, weil ich da mehr steuern kann.» Gesagt, getan – in Vancouver auf der olympischen Bühne das erste, aber kaum das letzte Mal. «Meine Karriereplanung geht vorerst bis Olympia 2014 in Sotschi. Das nächste grosse Ziel sind die Weltmeisterschaften in Oslo. Es gibt keinen besseren Ort für unsere Sportart. Und eine WM-Medaille fehlt mir noch.» Es ist wohl nur eine Frage der Zeit, bis Cologna auch diese umgehängt bekommt. Denn im Alter von 24 Jahren hat man im Langlauf die besten Jahre noch weit vor sich.

ZAHLEN, DIE DAS WINTERSPORTLEBEN SCHREIBT

050 Stunden pro Jahr verbringt Olympiasieger Dario Cologna trainingshalber in der Loipe.

092
093

SKI NORDISCH

Allrounder Cologna enteilt
seinen Gegnern auch in der
klassischen Technik.

DIE GOLDENE KOMBINATION HIPPOLYT KEMPF STÜRMTE IN CALGARY ZUM OLYMPIASIEG – UND IN DIE HERZEN DER SCHWEIZER SPORTFANS. OHNE ÖSTERREICHISCHEN SUPPORT WÄRE ES ALLERDINGS NIE SOWEIT GEKOMMEN.

Wo feierten die Schweizer Wintersportler ihre grössten olympischen Erfolge? Sapporo, Salt Lake City oder Turin? Alles falsch. Den Massstab setzten die Spiele von Calgary 1988 – mit je fünf Gold-, Silber- und Bronzemedaillen. Nur die kommunistischen Sportgrossmächte UdSSR und DDR schnitten noch besser ab.

Kurz vor der Schlussfeier fehlte der Schweizer Delegation eine goldene Auszeichnung zum fünften kompletten Medaillensatz. Dann trat der Nordisch-Kombinierer Hippolyt Kempf, ein 23-jähriger Luzerner, in die Spur und stürmte zum ersten Schweizer Olympiasieg in dieser Disziplin. Die Basis zum Coup legte er im morgendlichen Springen mit dem hervorragenden dritten Platz. «Ich habe in meiner ganzen Karriere nie so viel Wille und Kraft in einen Sprung gelegt wie damals im ersten Durchgang. Weil der Wettkampf witterungsbedingt an einem Tag stattfand, war es entscheidend, die Energie auf den Punkt zu konzentrieren», resümiert Kempf nach 22 Jahren.

Im 15-km-Lauf überholte er bereits nach zwei Kilometern den Deutschen Hubert Schwarz. Doch auf den führenden Österreicher Klaus Sulzenbacher machte er zunächst weniger Zeit gut als geplant – bis sich drei Kilometer vor dem Ziel die Kräfteverhältnisse entscheidend verschoben. Zugunsten des Schweizers. «Das war ein schmerzloses Überholmanöver», erzählt Kempf amüsiert, «für mich, weil ich richtiggehend flog, und für Sulzenbacher, weil er so entkräftet war, dass er wohl nichts mehr spürte.» Das «Medien-Management» passte auch perfekt. Weil Kempf seinem grössten Erfolg kurz vor der Schlusszeremonie entgegenlief, schaute ihm die ganze Wintersportwelt zu. Dass mit der Gundersen-Methode ein modernes Format angewandt wurde, erhöhte die Attraktivität zusätzlich.

Kempf erinnert sich an jenen Sonntag, als sei er gestern gewesen: «Der Lauf ist unglaublich präsent in meinem Kopf: Es war ein ungewöhnlich warmer Tag – mit starkem Sonneneinfluss. Ich suchte im Zielbereich immer die Spur im Schatten der Zuschauer und der Tribünen. Die war deutlich schneller.» Nicht nur in diesem Rennen traf Kempf die richtigen taktischen Entscheidungen. Wenige Tage zuvor war er mit seinen Teamkollegen Fredy Glanzmann und Andreas Schaad dank einer famosen Leistung in der Loipe zu Staffel-Silber gelaufen. «Das war das Rennen meines Lebens. Ich habe mich nie stärker gefühlt als in diesem 10-Kilometer-Lauf. So gesehen war dieser Erfolg auch der Ausgangspunkt zum Sieg im Einzelwettkampf.»

Der eigentliche Schlüssel zum Exploit liegt für Kempf aber in der Vorbereitung: «Wir haben mehr und härter trainiert als je zuvor – und auch strategisch alles richtig gemacht. Rückblickend war es die perfekte Entscheidung, vor den Spielen nochmals ein hartes Höhentraining einzulegen. Davon konnten wir in Calgary optimal profitieren.»

Für einige Verbandsvertreter kam Kempfs Erfolgscoup höchst überraschend – hatte man dem Luzerner doch im Juniorenalter das Talent abgesprochen und ihn kurzerhand aus dem Kader geworfen. Doch Kempf liess sich dadurch nicht von der Spur abbringen und trieb seine Karriere aus eigener Initiative am österreichischen Ski-Gymnasium in Stams weiter voran. «Ich war als Kind in der körperlichen Entwicklung rund zwei Jahre zurück. Deshalb fiel ich in der Schweiz durch die Maschen der Talentförderung. In Österreich traf ich aber auf Trainer, die mein Potenzial erkannten und mir die Zeit und die Möglichkeit gaben, mich durch vielseitige Ausbildungsprogramme zu entfalten. Als ich dann mit 18 Jahren in der Schweiz vor dem nächsten Schritt stand, war mein Körper bereit.» Seine Vielseitigkeit habe ihn für

SKI NORDISCH

Im Juniorenalter sprach
man Kempf das Talent ab.
Doch wer zuletzt lacht,
lacht am besten …

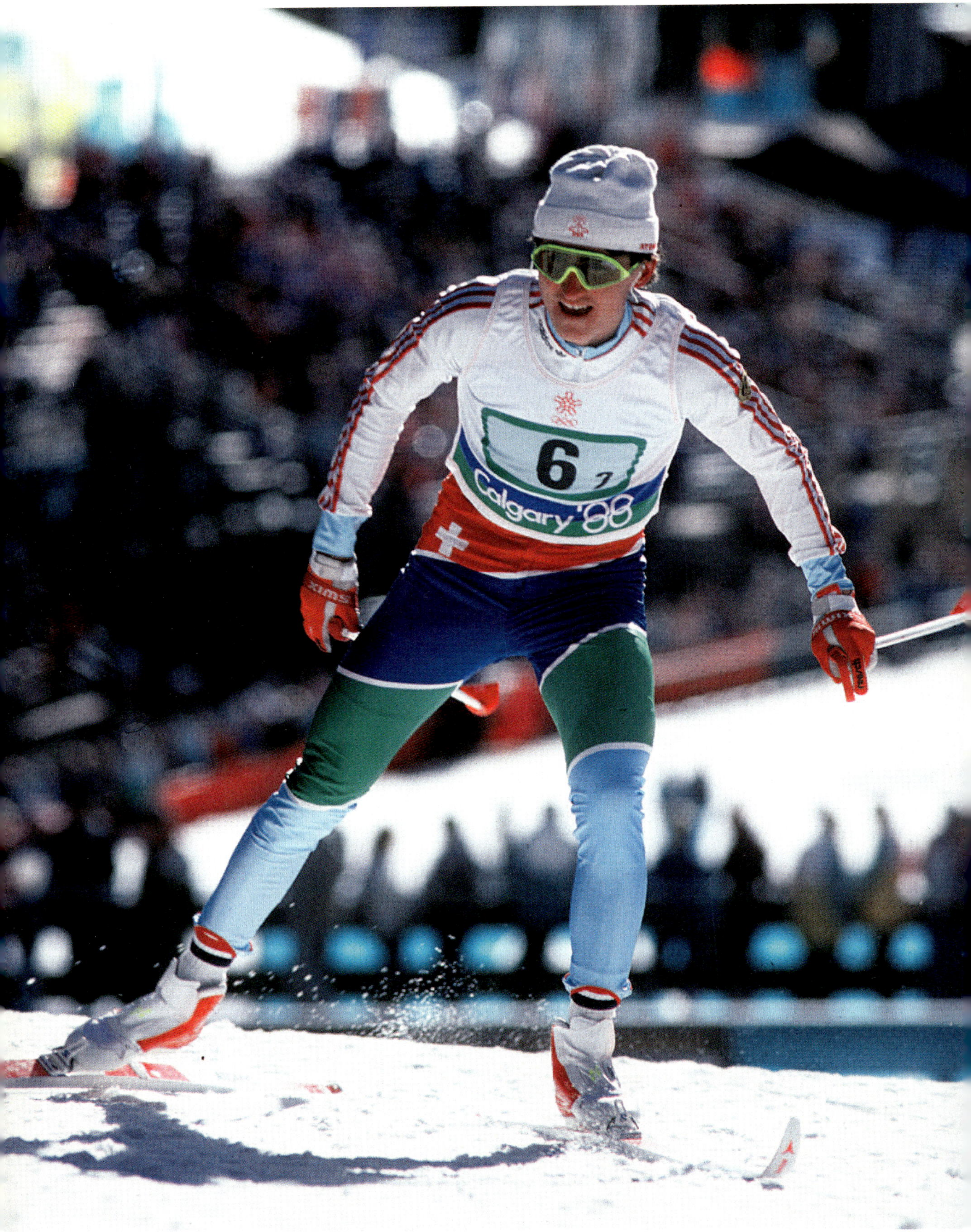
6
Calgary '88

096
097

SKI NORDISCH

links | Entfesselt: Hippolyt Kempf «fliegt» in Calgary Olympia-Gold entgegen.

rechts oben | Ein Bild aus einer anderen Zeit: Neben Kempf und Kurt Sulzenbacher (l.) steht der Sowjetrusse Allar Levandi auf dem Podest.

rechts unten | Publikumsliebling: Bei der Ankunft in Kloten wird Kempf frenetisch empfangen.

die Nordische Kombination prädestiniert. «Ich kann intensiv Schnellkraft trainieren – ohne dass meine Ausdauerfähigkeit leidet.»

Aber was sagten die Österreicher, dass sie (indirekt) einem Sportler aus dem Lager des Erzrivalen zum Durchbruch verhalfen? «Die Steuerzahler haben sich wohl geärgert», sagt Kempf mit einem Augenzwinkern. Die Wirkung der österreichischen Entwicklungshilfe hatte sich schon zwei Jahre vor Calgary das erste Mal angekündigt. In einer Sportart, die während Jahrzenten von nordeuropäischen und (ost-)deutschen Athleten geprägt worden war und die Silbermedaille von Wisel Kälin an den Winterspielen in Grenoble 1968 als einsames Schweizer Lebenszeichen dastand, errang Kempf am 30. Dezember 1986 in Oberwiesenthal (DDR) überraschend den ersten Schweizer Weltcupsieg in dieser Sportart. Als Sechster des Springens verwies er in der Loipe den Sowjetrussen Allar Lewandi sowie den Tschechoslowaken Jan Klimko auf die weiteren Podestplätze. Meteorologisch und organisatorisch bestanden auffällige Parallelen zu Calgary: Der Wettkampf musste ebenfalls an einem Tag ausgetragen werden.

Sechs Jahre nach Calgary komplettierte Kempf mit Staffel-Bronze in Lillehammer seinen persönlichen olympischen Medaillensatz. 1994 trat er vom Spitzensport zurück und studierte an der Universität Fribourg Volkswirtschaft. Mittlerweile ist er als Sportökonom für das Bundesamt für Sport und als Disziplinen-Chef Langlauf / Nordische Kombination wieder für Swiss Ski tätig. «Zeitlich sind diese beiden Jobs eigentlich gar nicht unter einen Hut zu bringen, aber ich gebe mein Bestes.»

Zu seinen Erfolgen als Aktiver hat er eine ambivalente Einstellung: «Nach meinem Rücktritt gab ich lange keine Interviews mehr. Es war wichtig für mich, mein Profil als Ökonom zu entwickeln und nicht in erster Linie als Ex-Sportler wahrgenommen zu werden.» Auch deshalb hat er die olympischen Medaillen zuhause «in einem Schrank» verstaut. Doch auch dort ist ihr Glanz ungebrochen. «Mit zunehmendem Abstand werde ich immer stolzer auf das Erreichte. Calgary 1988 war etwas vom Schönsten, das mir im Leben passiert ist.»

098
099

SKI NORDISCH

«Calgary war etwas vom Schönsten, das mir im Leben passiert ist.»

SKI ALPIN | **POPULÄRSTE WINTERSPORTDISZIPLIN**

DER SCHUSTER, DER BEI SEINEN LEISTEN BLIEB KARL MOLITOR, GEBOREN 1920, BAUTE DIE BRÜCKE VON DER SKISTEINZEIT IN DIE MODERNE. DER IN DEN 40ER- UND 50ER-JAHREN ERFOLGREICHE ABFAHRER UND KOMBINIERER ERLANGTE AUCH MIT SEINEN MOLITOR-SKISCHUHEN WELTRUF.

Der Name Walter Prager steht auf Seite 1 im Geschichtsbuch des alpinen Skirennsports. Der Davoser war der allererste Abfahrts-Weltmeister; so geschehen 1931 in Mürren auf einer Strecke mit 50 cm Neuschnee. Auch die schlechte Sicht beirrte Prager nicht. Er trug nämlich als erster Rennfahrer eine Skibrille und lancierte so eine neue Mode. Am gleichen Anlass gewann der Aroser David Zogg den Slalom und drei Jahre später in St. Moritz die Abfahrt samt Kombination. Dritter Schweizer Frühzeit-Weltmeister war Otto Furrer. Der 1951 am Matterhorn tödlich verunglückte Zermatter Bergführer, ursprünglich Langläufer, stürzte in der Abfahrt und sicherte sich 1932 in Cortina d'Ampezzo trotzdem WM-Kombinations-Gold.

100
101

SKI ALPIN

links, rechts oben | Als Viererkombinierer (Abfahrt, Slalom, Langlauf, Springen) muss sich Karl Molitor auch über grosse Schanzen wagen, seine Paradedisziplin aber ist die Abfahrt.

unten | Olympia-Siegerehrung 1948 in St. Moritz: Gold für den Franzosen Henri Oreiller (Mitte). 2. Franz Gabl, Österreich (links). Den 3. Rang teilen sich zeitgleich der Engelberger Ralph Olinger und Karl Molitor (3. von links).

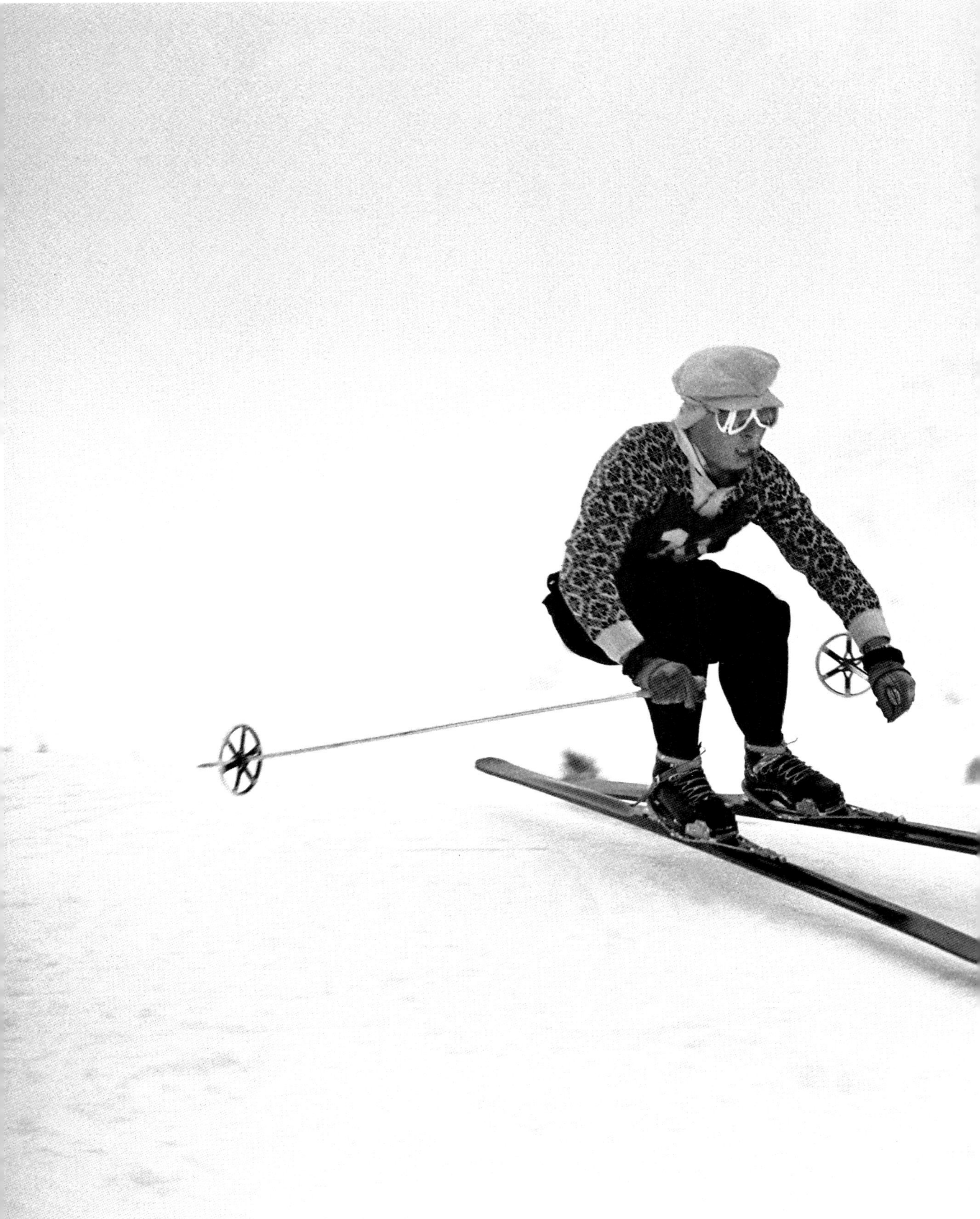

102
103

SKI ALPIN

Mit elf Siegen ist
Karl Molitor Lauberhorn-
Rekordsieger bis zum
Nimmerleinstag.
Hier, 1945, in voller Fahrt
auf seinen 2,2 m
langen Attenhofer-
Holzlatten.

Als Nachfolger des Schweizer WM-Pionier-Trios etablierte sich der eleganteste der eleganten Skifahrer, der spätere St. Moritzer Skischulleiter Rudolf Rominger. Er gewann 1936, 1938 und 1939 vier WM-Titel. 1936 triumphierte der Slalomspezialist sogar in der Abfahrt. Ein Kälteeinbruch hatte die Innsbrucker Piste in eine brutal vereiste Bobbahn verwandelt. Rominger distanzierte im legendären Tiroler Horrorrennen den Italiener Sertorelli um 14 Sekunden. Mit Edy Reinalter und Georges Schneider beherrschten 1948 und 1950 zwei weitere Schweizer die internationale Slalomszene, währenddessen unsere Abfahrer für 34 Jahre von der Bildfläche verschwanden und in der Aera Sailer-Killy-Schranz sechsmal einem Franzosen, fünfmal einem Österreicher, zweimal einem Italiener und einmal einem Deutschen den Vortritt lassen mussten. Bis 1970 ein Andermatter namens Bernhard Russi aus dem Nichts auftauchte.

Aber lange vor Russi machte Karl Molitor von sich reden. Er baute die Brücke von der Skisteinzeit in die Moderne. «Moli» brillierte sowohl vor wie nach dem Zweiten Weltkrieg. 1939 gewann der 18-jährige Springinsfeld im polnischen Zakopane WM-Abfahrtsbronze, 1948 in St. Moritz Olympia-Kombinations-Silber und Abfahrtsbronze. Molitor siegte jedoch auch abseits der Rennerei. Als Fabrikant und als Freier. In Wengen produzierte er die weltweit begehrten Molitor-Skischuhe und auf Brautschau in Uri eroberte er das Herz der besten Schweizer Slalomfahrerin, der Olympia-Silbermedaillen-Gewinnerin 1948. Am 24. November gleichen Jahres führte Karl Molitor aus Wengen die Mitte Juli 2010 im 91. Altersjahr verstorbene Antoinette Meyer vom Hotel Meyerhof in Hospental zum Traualtar, was heute zweifellos die «Hochzeit des Jahrzehnts» wäre. «Blick», «Schweizer Illustrierte», «Glückspost», «Glanz & Gloria», «Gotthard-Post» und «Jungfrau-Zeitung» würden um die Exklusivität buhlen. Vor 62 Jahren waren die Buchstaben kleiner und der Superlative weniger, obwohl das Brautpaar drei nigelnagelneue Olympia-Medaillen sowie jede Menge Pokale, Zinnkannen und Wappenscheiben als Mitgift in die Ehe brachte.

Der Bergführer, Skilehrer, Zentralschweizer Skisprungmeister, Lauberhorn-Rennleiter während 35 Jahren, FIS-Abfahrt-Slalom-Delegierte von 1950 bis 1972 und Ex-Golfer (Handicap 7,3) war achtmal Schweizer Meister und ist mit elf Siegen wohl für die Ewigkeit Lauberhorn-Rekordhalter. Er liess sich 1947 als dreifacher USA-Meister feiern und krönte seine Karriere 1948 an der St. Moritzer Winterolympiade. «Meine Hickory-Latten massen 2,20 m», erinnert sich Molitor. «Von 1945 bis 1947 benützte ich das gleiche Paar für Abfahrt und Slalom. So wollte es die FIS, damit die Reichen gegenüber den Armen, die sich nur ein Paar Ski leisten konnten, nicht bevorzugt wurden. Möglicherweise war ich trotzdem der erste Profi-Skirennfahrer», erzählt der 90-Jährige verschmitzt lächelnd. «Ich besuchte nämlich 1947 vor, zwischen und nach den amerikanischen Rennen alle erreichbaren Sportgeschäfte und führte unsere Molitor-Skischuhe vor. Das Geschäft lief wie geschmiert. Der Skiverband zahlte die Amerikareise, und ich brachte Bestellungen für 600 Paar Schuhe nach Hause.»

SKI ALPIN

ZAHLEN, DIE DAS WINTERSPORTLEBEN SCHREIBT

1934 wurde am Bolgenhang in Davos der erste Bügelskilift in der Schweiz eingeweiht.

links | Traumhochzeit am 24. November 1948 in Hospental. Die Braut, Antoinette Meyer, bringt Olympia-Silber, der Bräutigam, Karl Molitor, Olympia-Silber und Olympia-Bronze in die Ehe.

rechts | Molitor-Skischuhe geniessen Weltruf. Jahresproduktion in Wengen bis zu 20 000 Paare, wovon 10 000 für die USA

Den Grundstein zur Wengener Skischuh-Erfolgsstory hatte Vater Fritz Molitor gelegt, der aus Wien eingewanderte Sattlergeselle. Er gründete eine Schuhmacherei und eröffnete 1911 (Zentenarium in Sicht!) den klitzekleinen Schuh-, Kleider- und Sportladen an der Dorfstrasse, der 300 m langen Mini-Flaniermeile Wengens. Molitor junior verwaltete das väterliche Erbe geschickt, baute um, baute aus, expandierte und veredelte mit 65 Mitarbeitern seine Erzeugnisse zu «Rolls-Royce unter den Skischuhen». Zeitweise produzierte Molitor jährlich 20 000 Paar Schuhe, wovon 10 000 der vorwiegend in Handarbeit aus Rindsleder gefertigten Paare in die USA gingen. Die besten Rennfahrer jener Tage siegten in Molitor-Schuhen, Könige, Prinzessinnen und Möchtegerne trugen Molitor-Schuhe. Bis 1973, als Plastik das Leder zu verdrängen begann. Molitor beherzigte das Sprichwort, Schuster bleib bei deinen Leisten, stellte nicht auf Plastik um, liquidierte die Schuhmacherei und konzentrierte sich fortan auf sein renommiertes Sportgeschäft. Die Ski, die heute dort verkauft werden, sind nicht mehr ganz so lang wie jene, auf denen «Moli» einst siegte und siegte und siegte.

WARUM BERNHARD NICHT PIUS HEISST BERNHARD RUSSI WURDE 1970 MIT 21 JAHREN ABFAHRTS-WELTMEISTER. 1978 FOLGTE DER ABSCHIED VOM WEISSEN ZIRKUS. ER IST ALS PISTENBAUER, KOMMENTATOR UND ALS WERBER DEM SKISPORT TREU GEBLIEBEN.

Nur wenige ehemalige Hochleistungsathleten sind noch Jahrzehnte nach ihrem Rücktritt fast so populär wie «einst im Mai». In Holland ist es Johan Cruyff (63), in Belgien Eddy Merckx (65), in Deutschland Franz Beckenbauer (65), in Frankreich Jean-Claude Killy (67), in den Vereinigten Staaten Muhammad Ali (68), in Brasilien Edson Arantes do Nascimento, genannt Pele, (70), in Österreich Karl Schranz (72), in England (Sir) Bobby Charlton (75) und in der Schweiz, quasi als Ehrenpräsident der Altmeister, der 91-jährige Ferdy Kübler. Bernhard Russi (62) ist der Benjamin in dieser Galerie der lebenden Sportikonen. Der Andermatter blinzelte am 20. August 1948 zum ersten Mal Richtung Gotthard und Nätschen, debütierte am 10. Januar 1970 im Weltcup und verabschiedete sich acht Jahre später, am 29. Januar 1978, vom weissen Zirkus. Dazwischen gewann er zehn Weltcuprennen, 1971 und 1972 den Abfahrts-Weltcup, Olympia-Gold 1972 in Sapporo und Olympia-Silber 1976 in Innsbruck. Noch vorher aber passierte das, was den Toko-Wachsfabrikanten zur Weissglut trieb. Ort der Handlung: Saslonch Val Gardena; Handlung: Abfahrts-WM 1970; Kulisse: Dolomiten; besondere Vorkommnisse: Kamelbuckel. Zwei Schweizer, Andreas Sprecher und Jean-Daniel Daetwyler, Startnummern 2 und 4, hatten ihre Rolle bereits gespielt und jammerten am Ziel über grausam langsame Skis. Verwachst! Der Schweizer Betreuer leitete die Klage der Frustrierten per Funk nach oben, wo der Innerschweizer Paul Berlinger soeben dem dritten Schweizer, dem Mann mit der Startnummer 15, letzte Ratschläge für seine erste WM-Abfahrt auf den Weg gab. Als er die Hiobsbotschaft vom Ziel vernahm, wechselte Berlinger sofort von der Rhetorik zur Praxis, riss seinem Schützling die Ski von den Füssen und begann seine inzwischen legendär gewordene Abkratzoperation. Sie wurde zum Rennen gegen die Zeit. Berlinger kratzte und schwitzte, kratzte und schwitzte, schaute auf die Uhr, kratzte und schaute auf die Uhr. Bis kein einziges Spürchen Toko auf den Brettern übrig blieb. Ein paar Sekunden vor dem Start war die Maloche vollendet. 5, 4, 3, 2, 1 partez! 2 Minuten und 24,57 Sekunden später hatte die Schweiz nach 34 Jahren wieder einen Abfahrts-Weltmeister: Bernhard Russi, Andermatt, 21-jährig, Neuling im Schweizer Team, ohne Weltcupsieg. Wachslos! Normalerweise ein schweres Los. Mit Ausnahme des Wachslieferanten freute sich die ganze Schweiz.

186
187

SKI ALPIN

Der 21-jährige Bernhard
Russi 1970 in Val Gardena
auf wachslosen Ski
unterwegs zu WM-Gold.

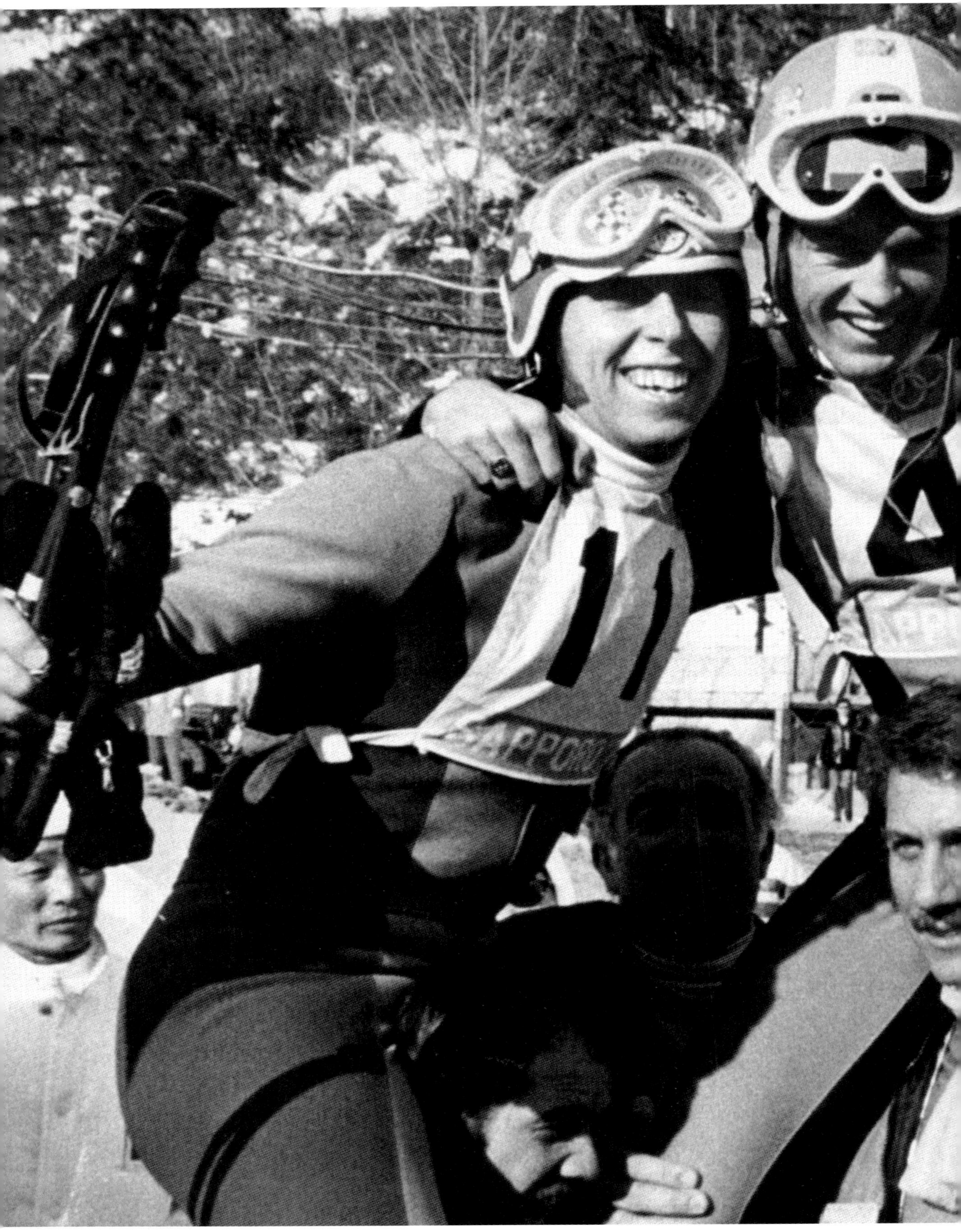
11

108
109

SKI ALPIN

Bernhard Russi und Roland Collombin (Startnummer 11) lassen sich nach ihrem Abfahrts-Doppelsieg 1972 in Sapporo aus dem Zielraum tragen.

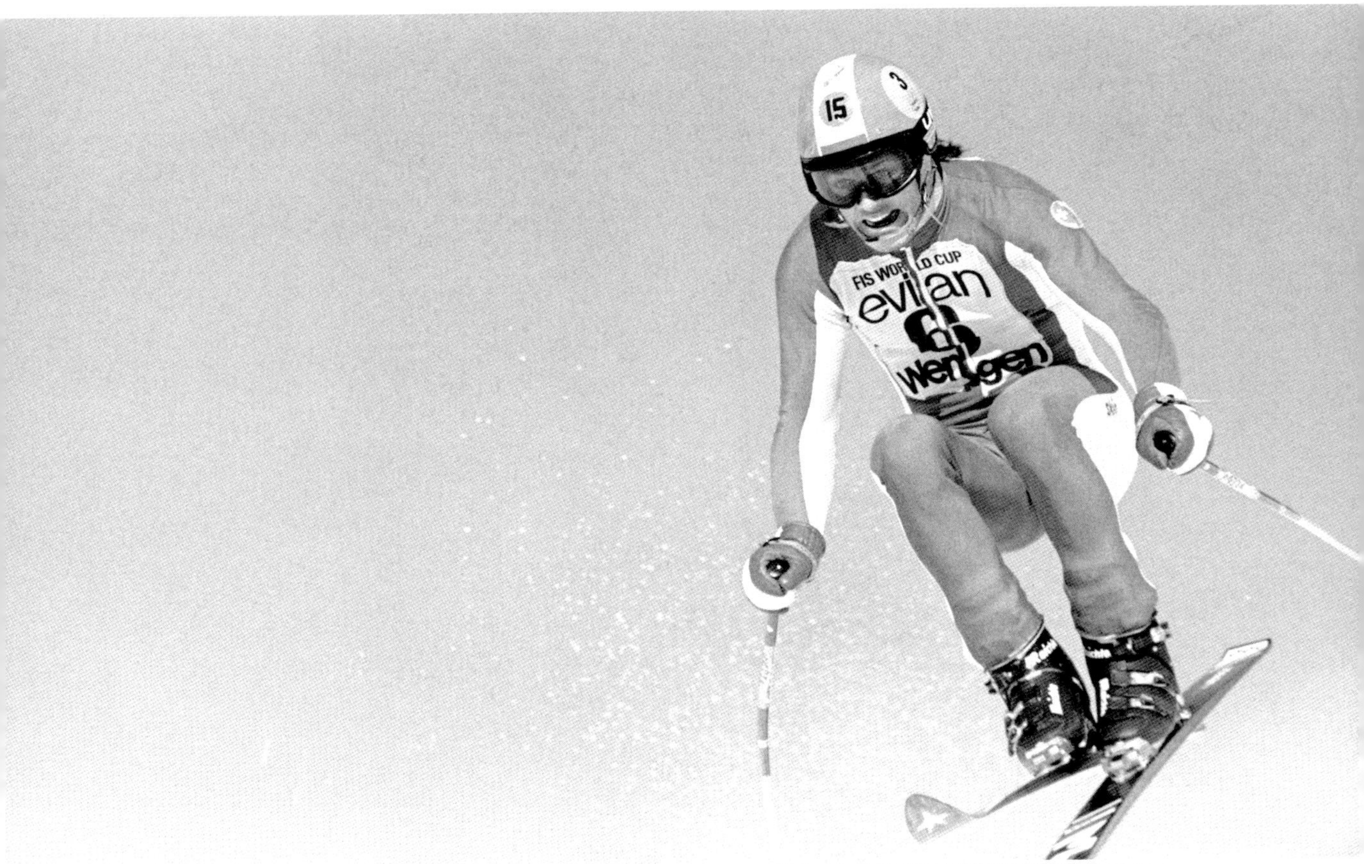
FIS WORLD CUP
evian
Wengen

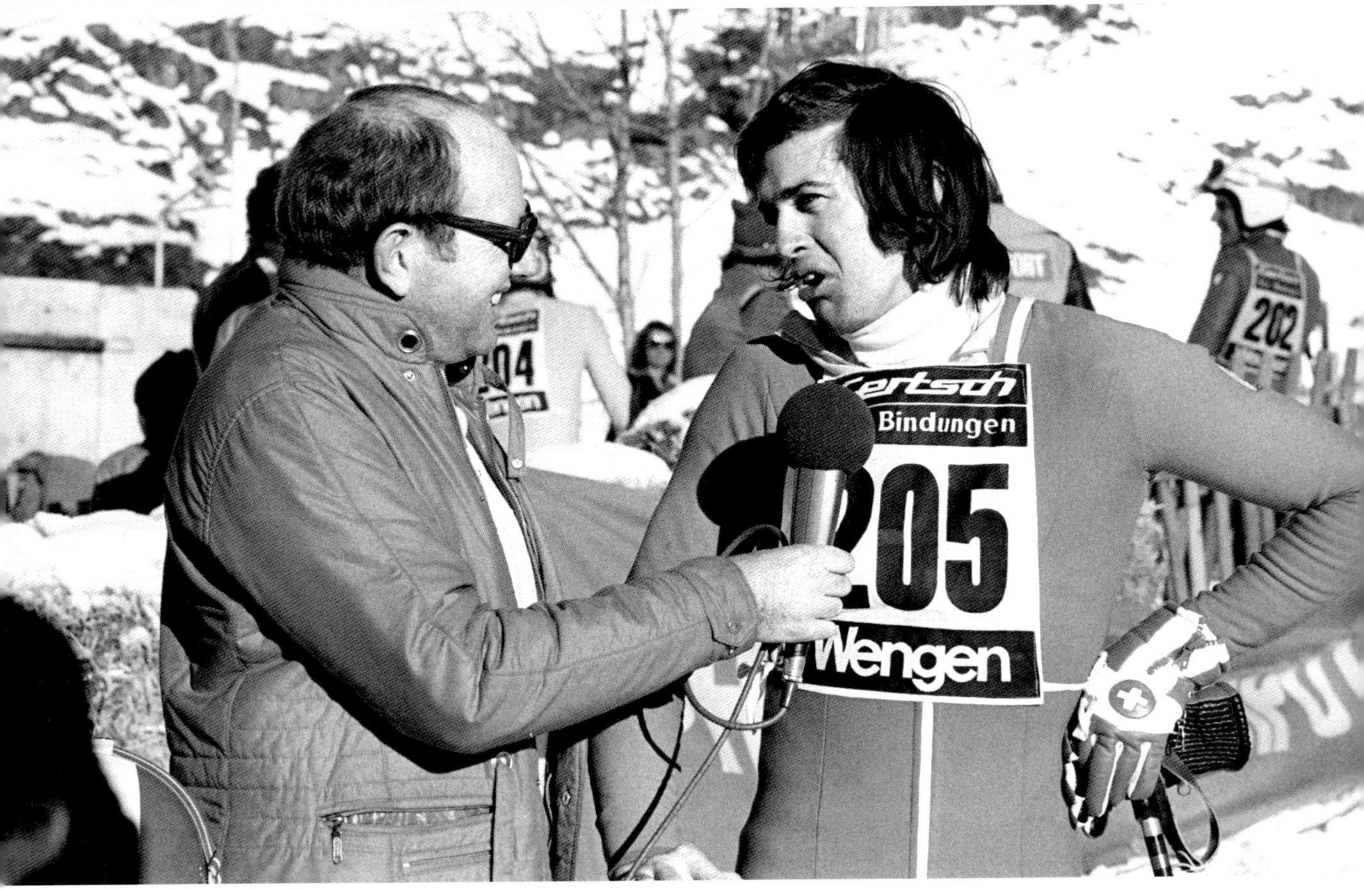
Bindungen
205
Wengen
202

110
111

SKI ALPIN

Dreimal Bernhard Russi: am Lauberhorn-Russisprung, beim Interview mit Reporterlegende Karl Erb und in Val Gardena auf den Schultern des späteren SSV-Präsidenten Manfred Aregger

Eigentlich hätte Bernhard Russi Pius Russi heissen müssen, wie sein Vater. Pius Russi war ein erfolgreicher Viererkombinierer (Abfahrt, Slalom, Langlauf, Springen). Die Gotthard-Schanze in Andermatt kannte er wie seinen Hosensack. 1943 stand er in Cortina d'Ampezzo erstmals auf dem Anlaufturm einer ausländischen Grossschanze, viel, viel grösser als der Andermatter Hügel. Beim Blick in die Tiefe schlotterten des sonst so mutigen Springers Knie. Er griff nach dem stets mitgeführten Medaillon des Heiligen Bernhard, Schutzpatron aller Skifahrer und fasste einen feierlichen Entschluss: «Wenn ich da heil herunterkomme, gebe ich meinem ersten Sohn nicht meinen Namen, sondern taufe ihn Bernhard, wie den Heiligen.» Pius kam heil herunter und deshalb heisst die Schweizer Skilegende Bernhard, obwohl zu jener Zeit im Urserntal der erste Sohn traditionellerweise den Namen seines Erzeugers bekam. Und oh Wunder! Bernhard wurde am Tag des Heiligen Bernhard geboren.

Bernhard Russi, geboren am Tag des Heiligen Bernhard, Ehrenbürger von Andermatt, zweimal Schweizer Sportler des Jahres und mit 62 noch immer omnipräsent

Der ist auch Schirmherr der Imker und Wachszieher. Nach dem Wachsabkratzer-WM-Gold siegte der Besitzer des «Skiing Legend Awards» und Athletenbotschafter der Entwicklungshilfe-Organisation «Right to Play» nie mehr wachslos.

Weitere Meriten, Jahre nach Russis Abschied vom Skirennsport (zuletzt besass er eine Profilizenz), trugen ihm sein unprätentiöses Auftreten, seine Intelligenz und sein schnörkelloser Lebenswandel ein. Schweizer Topathleten mit dem Charisma eines Bernhard Russi sind an den übrig gebliebenen Fingern eines altgedienten Schreiners abzuzählen. Die 1000 m² Land, die ihm die Korperation Ursern nach seinem WM-Titel 1970 schenkte, hat der Vater zweier erwachsener Kinder nach einer mehrtägigen hochalpinen Wanderung auf Andermatter Territorium erst 2006 ausgesucht, hoch oben, fast 900 m über dem Urserntal, auf der «Wilden Matte», 2300 m ü. M. Dort, wo der Quadratmeter tausendmal weniger wert ist als unten im Dorf, verwandelte Russi eine alte, abgebrannte Hütte in eine neue Hütte; dort kann er auch seinem liebsten Hobby, der Kletterei, frönen. Der gelernte Hochbau-zeichner und Andermatter Ehrenbürger ist allerdings mehr als ein gelegentlicher Feld-, Wald- und Wiesenkletterer, der 62-jährige topfite Gentleman ist ein Extremkletterer, der auf vier Kontinenten (nur Asien fehlt) die steilsten Wände bezwungen hat.

Der Schweizer Sportler der Jahre 1970 und 1972 tanzt auf vielen Hochzeiten; er tanzt gekonnt und nie aufdringlich. Als TV-Kommentator und «Blick»-Kolumnist, als technischer Berater von Völkl und Bogner, als Botschafter für INTERSPORT, als Werber für klare Sicht dank Visilab und als Subaru-Autopromotor. Auch für Nonprofit-Organisationen ist Russi tätig. Der Präsident der gemeinnützigen Stiftung «Goldene Tage von Sapporo» denkt zum Beispiel an Menschen, die auf der Schattenseite des Lebens stehen. Zweck der Stiftung ist «neben der Bewahrung und Förderung des olympischen Gedankenguts die Unterstützung ehemaliger Schweizer Spitzensportlerinnen und Spitzensportler olympischer Wintersportarten, die durch Krankheit, Unfall oder andere Ereignisse unverschuldet in Notlage geraten sind».

Bernhard Russi ist omnipräsent. Er konzipierte WM- und Olympia-Abfahrtspisten rund um den Globus. Nach ihm sind der «Russi-Sprung» am Lauberhorn, «Russi's Ryde» in Beaver Creek und der «Bernhard Russi-Run» in Andermatt benannt. Am Schwarzen Meer in Sotschi, dem Domizil der Olympischen Winterspiele 2014, baut der Urschweizer, auf du und du mit Wladimir Putin, sämtliche alpinen Skipisten. Und bei der ägyptisch inspirierten und finanzierten Transformation des ehemaligen Garnisonsdorfes Andermatt zum Fünfsterne-Touristik-Nonplusultra sitzt er sowohl im Verwaltungsrat der Swiss Alpes AG wie im Komitee der geplanten Super-18-Loch-Golfanlage. Eröffnung Ende 2013. Zum Golfen selbst kommt der Vielbeschäftigte immer seltener, weshalb sein Handicap von 6 auf 10,7 stieg. Doch es ist das einzige mir bekannte Handikap des Schweizer Vorzeigesportlers a. D.

Andermatt und Russi, das ist fast ein Synonym. Aber auch Nippon hat den nach Wilhelm Tell (und dem Föhn) wohl bekanntesten Urner nicht vergessen. Wenn immer von Asiens erster Winterolympiade die Rede ist, sprechen viele Japaner vom glorreichen Abfahrtssieger am erloschenen Vulkan Eniwa-Take, von Belnhald Lussi.

SKI ALPIN

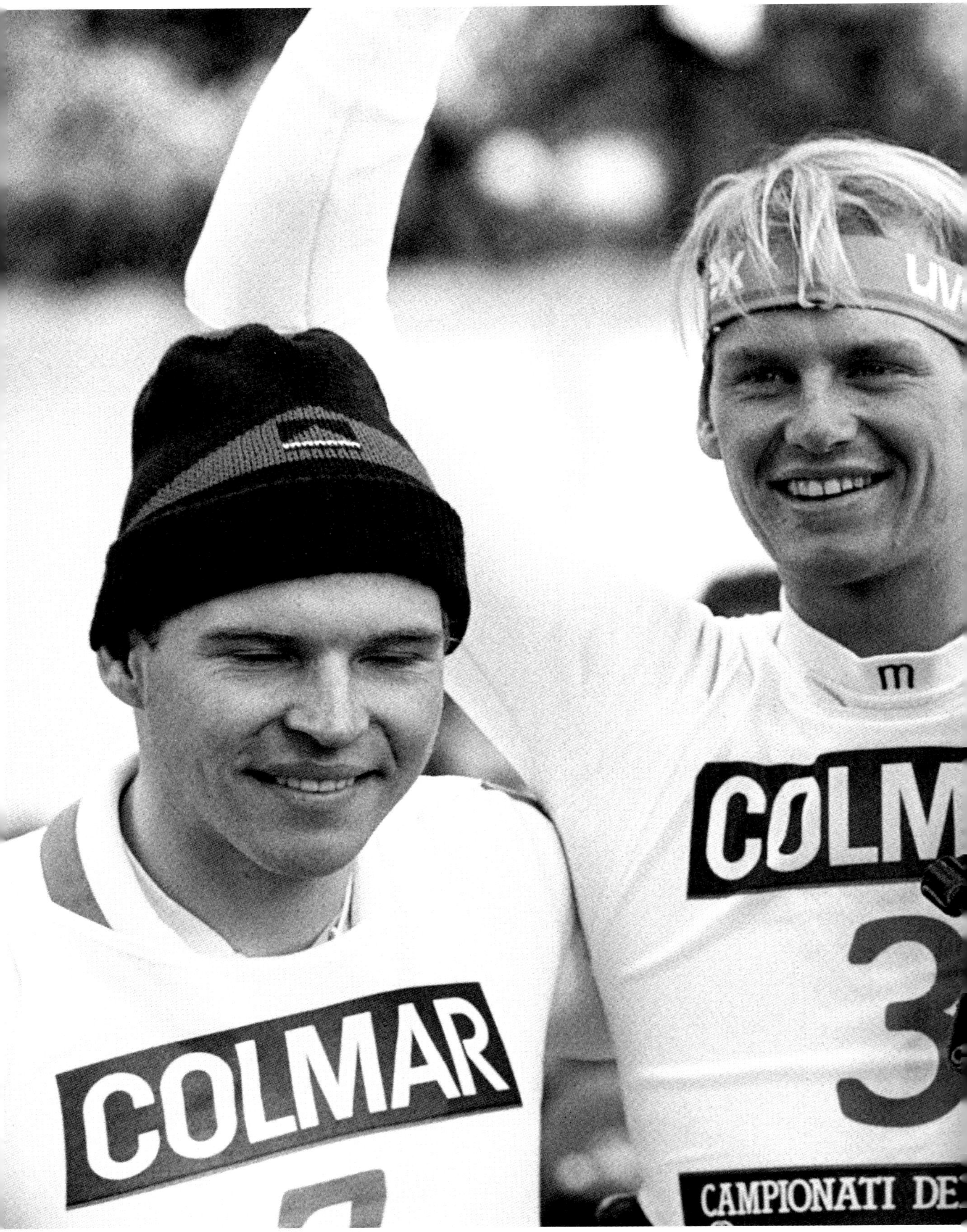
COLMAR
COLM
3
CAMPIONATI DE

114
115

SKI ALPIN

Alpine Weltmeisterschaften 1985 in Bormio, Riesenslalom: 3. Marc Girardelli (Luxemburg), 1. Markus Wasmeier (Deutschland), 2. Pirmin Zurbriggen, von links nach rechts.

SPIEGELFECHTEREIEN GEGEN PIRMIN KEINER KONNTE IM ALPINEN ZIRKUS MEHR SIEGE FEIERN ALS PIRMIN ZURBRIGGEN, UND DIES IN SÄMTLICHEN DISZIPLINEN. DER VATER VON FÜNF KINDERN IST HEUTE HOTELIER, WIRBT FÜR SCHWEIZER UNTERNEHMEN UND KÜMMERT SICH INTENSIV UM DEN NATIONALEN SKINACHWUCHS.

Die Schweizer Ski-Grössen der 80er-Jahre, die Accola, Alpiger, Bürgler, Cathomen, Hangl, Julen, Lüscher, Lüthi, Müller, Heinzer, die alle Olympia- oder WM-Edelmetall ihr Eigen nennen, hatten einen schweren Stand. Sie fuhren meistens im Schatten des Übervaters, des erfolgreichsten Schweizer Alpinen seit Erfindung des Ski. Kein anderer Rennfahrer, weder Sailer, Killy, Schranz, Mahre, Stenmark, Thöni noch Girardelli, verzeichneten an allen Fronten und in sämtlichen Disziplinen so viele Erfolge wie der blonde, kraushaarige Walliser aus dem hinteren Saastal. Pirmin Zurbriggen reihte Sieg an Sieg: zweimal Junioren-Europameister, Weltcup-Première 4. Januar 1981, sechsmal Schweizer Meister, fünfmal WM- oder Olympia-Gold, 40 Weltcupsiege, Gesamtweltcup-Gewinner 1984, 1987, 1988, 1990. Von 1984 bis 1990 klassierte sich Zurbriggen in dieser Jahreswertung immer im ersten oder im zweiten Rang. An die hundertmal stand er auf einem Weltcup-, Olympia-, WM- oder EM-Podest. Der Inhaber des «Knies der Nation» war Schweizer Sportler des Jahres, wurde anlässlich der 100-Jahr-Feier von Swiss Ski im Juli 2004 zusammen mit Vreni Schneider zum «Schweizer Jahrhundert-Sportler des Ski- und Schneesports» erkoren und besitzt die SLS-Trophy für den besten Golfer unter den Spitzensportlern. Im alpinen Skiolymp thront der 47 Jahre alte Bergler Seite an Seite mit Toni Sailer, Jean-Claude Killy und Ingemar Stenmark.

Mindestens ebenso wichtig sind für Pirmin zwei weitere Erlebnisse, die in keiner Rangliste auftauchen: 1989 die Heirat mit der Zermatterin Monika Julen und 1984 die Privataudienz beim Papst anlässlich dessen Besuches im Wallis. Der Glaube an Gott nimmt in Pirmins Leben einen wichtigen Platz ein. Der in Sitten vom Heiligen Vater geschenkte Rosenkranz begleitete Zurbriggen künftig an jedes Rennen. Eher hätte er seine Ski zu Hause gelassen.

Der Rosenkranz war auch an Pirmins Tiefstpunkt mit dabei. Er folgte dem Höhepunkt in Sekundenschnelle. Kitzbühel, 12. Januar 1985. Im letzten Schuss zum zweiten Hahnenkammtriumph innert 24 Stunden verspürte Zurbriggen kurz nach dem Hausberg einen stechenden Schmerz im linken Knie. Noch 300 m bis ins Ziel! Pirmin biss sich durch. Seine Bestzeit hielt stand, das Knie jedoch nicht. Dieser Pyrrhussieg erwies sich als Zurbriggens teuerster und zugleich spektakulärster Erfolg. Die nächste Fahrt führte nonstop über die Grenze nach Muttenz. Dort wurde ihm der linke Innenmeniskus entfernt. Das «Knie der Nation» machte Schlagzeilen. Die ganze Schweiz nahm Anteil am Schicksal ihres Helden. Schulklassen wollten ihn besuchen, die Rennbahnklinik Muttenz konnte den Andrang nicht mehr bewältigen und schloss ihre Tore. Die Spital-Telefonleitung brach zusammen, die Journalisten schrieben und schrieben. Zwei Wochen lang behauptete sich die Knie-Fortsetzungsstory auf der «Blick»-Titelseite. Schlussendlich frohlockten alle, vom «Walliser Boten» bis zur «NZZ»; das «Wunder» geschah, 21 Tage nach der Operation wurde Pirmin in Bormio Abfahrts-Weltmeister.

Seither liegt für viele Schweizer Saas-Fee bei Saas-Almagell und nicht umgekehrt. Pro Tag trafen bis zu 800 Briefe für Pirmin Zurbriggen, Hotel Lärchenhof, 3905 Saas-Almagell, ein. (Pirmin Zurbriggen, Schweiz, hätte genügt.) Die zwei Almageller Pöstler mussten die Hilfe ihrer Briger Kollegen in Anspruch nehmen, ihr berühmtester Bürger erhielt an einem einzigen Tag mehr Post als alle anderen Einwohner in einem Vierteljahr zusammen.

Einem deutschen Nachrichtenmagazin schien so viel Popularität verdächtig und eine gehörige Schelte wert. Es bezeichnete Zurbriggen, der mehr Zeit in Kirchen als in Nacht-

116
117

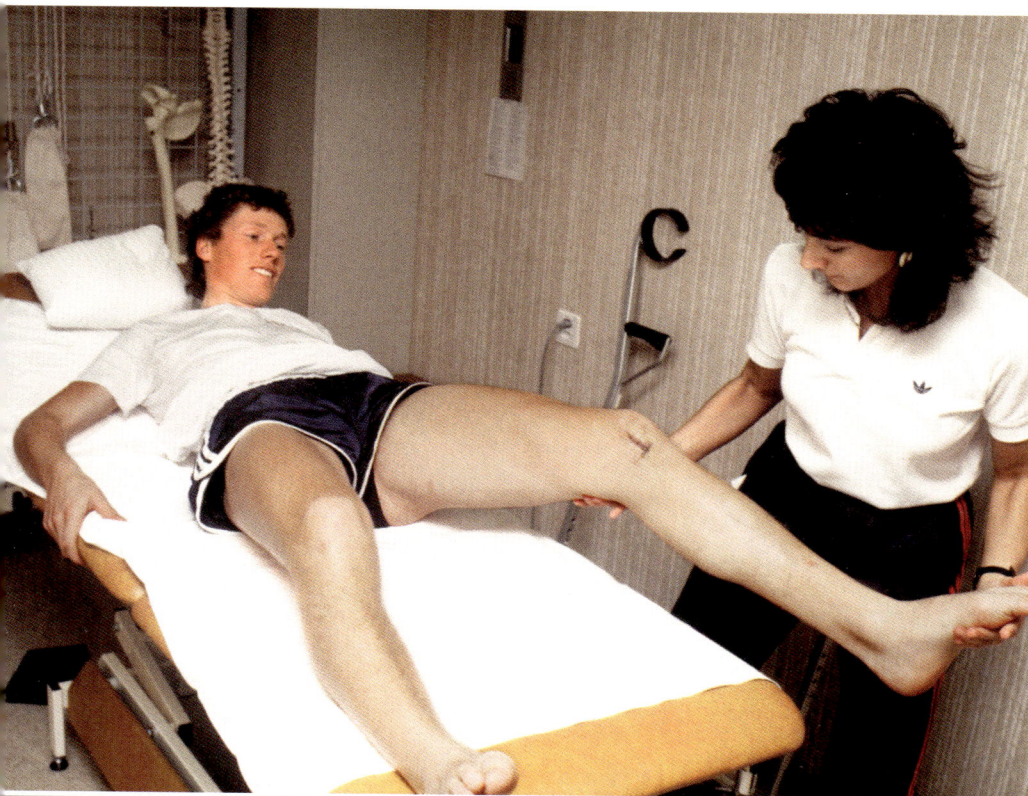

SKI ALPIN

Das Knie
der Nation (oben)…
…funktioniert wieder
(unten).

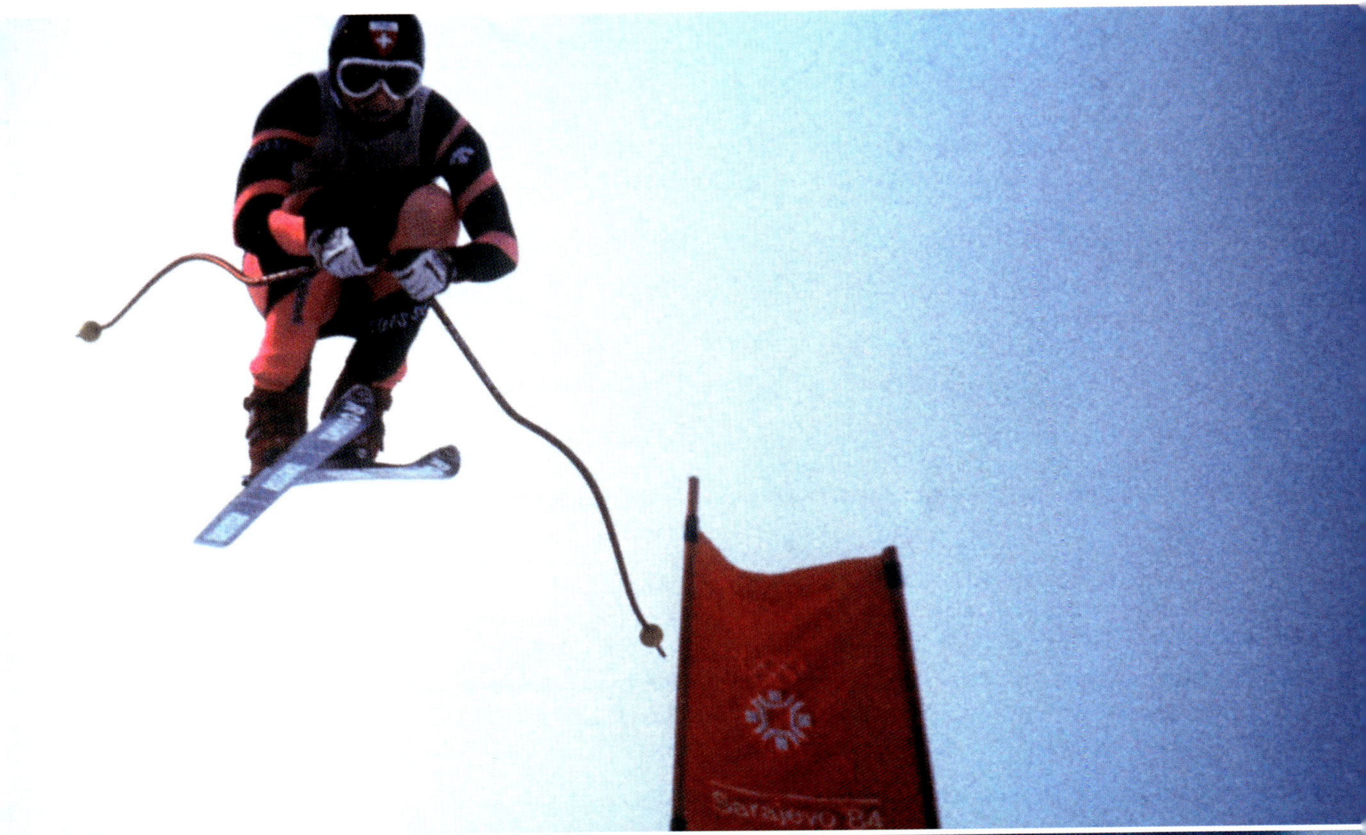
Sarajevo 84

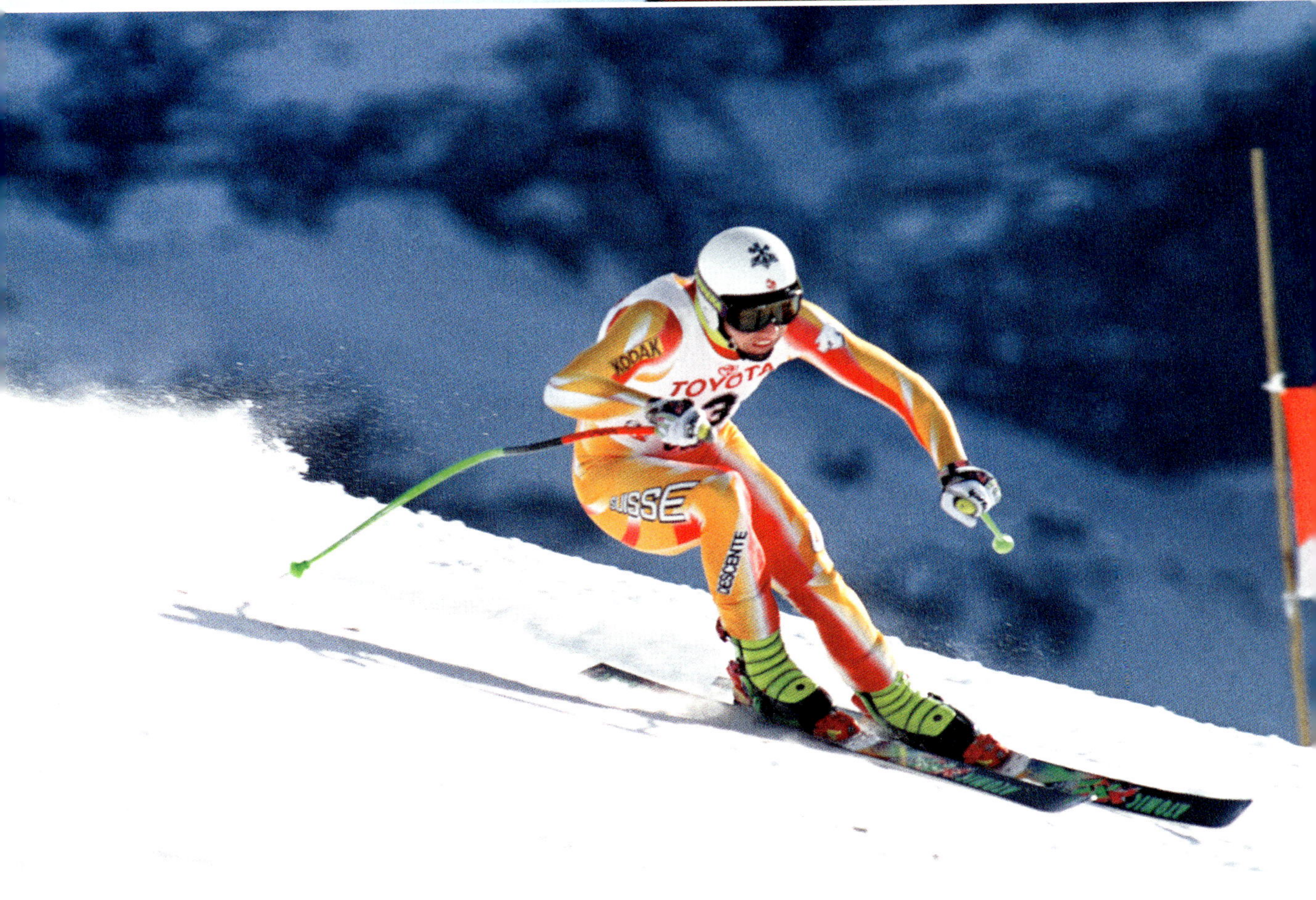
KODAK
TOYOTA
SUISSE
DESCENTE

lokalen verbrachte, als frommen Heuchler und Schüchterling, als Kitschminiatur aus der Alpenwelt, als gestylten Naturburschen, als Schickimicki-Ministrant, als Milch trinkenden rotbackigen Bergler, «der nach Morgengebet, Müesli-Frühstück und Verdauungspause pflichtbewusst sein hartes Training absolviert» und dafür noch Geld kassiert. Der «Spiegel» beschränkte sich indessen nicht auf Zurbriggen, er tadelte auch die restlichen Schweizer pauschal für ihre Skierfolge: «Der Grössenwahn hat sie gepackt, sie spinnen. Auf der Flucht vor ihren wirklichen Problemen lassen sich die Eidgenossen die fragwürdigen Fähigkeiten ihrer hochgejubelten Leistungssportler als beispielhaft aufschwatzen. Tief drinnen im kollektiven Unterbewusstsein findet jetzt auch wieder einmal die Gewissheit Bestätigung, insgeheim doch Gottes Lieblingskinder zu sein – sauber, brav und fleissig wie die Skihelden Zurbriggen, Walliser und Hess.» Na ja, wir haben es überlebt. Neid ist nicht gratis, Neid muss man sich verdienen.

Je mehr der «Spiegel» schnödete, desto lauter feierten die Walliser ihren Pirmin, von St-Gingolph bis Gletsch, im Rössli und Cheval-Blanc, im Leuen und Lion d'or, in der Soleil und Sonne, in der Couronne und Krone, im L'Aigle und Adler. Zurbriggens Bewunderer halfen dem rebenreichsten Schweizer Kanton die Weinschwemme wegtrinken.

Pirmin Zurbriggen sorgte aber auch dafür, dass wir Eidgenossen zum ersten Mal seit Sempach (1386) die Österreicher wieder regelmässig schlugen. Für ihn sind Hundschopf und Mausefalle, Trögl-Hang und Minschkante, Compression und Kamelbuckel ferne Erinnerungen, für uns jedoch, die wir live oder am Fernsehen dabei sein durften, schrieb Pirmin dazumal das schönste Kapitel in der Schweizer Skigeschichte. Nach Zurbriggens Rücktritt am 31. März 1990 übernahmen Österreichs Alpine erneut und bis auf den heutigen Tag das Zepter. Der «Spiegel» musste einen neuen Feind suchen und der Walliser Wein einen anderen Mäzen. Momentan ist nicht einmal auf den FC Sion Verlass.

Wie inzwischen allgemein bekannt sein dürfte, blieb Pirmin trotz der Spiegelfechterei Pirmin. Er glaubt weiterhin an Gott, hat immer noch rote Backen und Kraushaare, trinkt lieber Milch als Whisky und zieht das Müesli dem Kaviar vor. Zurbriggen verkroch sich mit seinen auf zwei Brettern verdienten Millionen nicht in ein Steuerparadies, sondern blieb, tapfer den einheimischen Fiskus bereichernd, der teuren Oberwalliser Scholle treu. Der Vater von fünf Kindern ist Inhaber des hochkarätigen Olympischen Ordens, besitzt zwei Hotels in Saas-Almagell und Zermatt, lebt im Matterhorndorf, wirbt für verschiedene Schweizer Unternehmen, kümmert sich intensiv um den nationalen Skinachwuchs und präsidiert den Walliser Skiverband. Berühmter als Pirmin Zurbriggen ist in Zermatt nur das Matterhorn.

SKI ALPIN

ZAHLEN, DIE DAS WINTERSPORTLEBEN SCHREIBT	
1817	freiwillige Helfer standen an den Lauberhorn-Rennen 2010 im Einsatz. Mit 4480 Metern ist die Abfahrt in Wengen die längste Prüfung im Skiweltcup. Der Streckenrekord (2:24,23) stammt vom Italiener Kristian Ghedina aus dem Jahr 1997.
140	km / h beträgt die Höchstgeschwindigkeit auf der Hahnenkamm-Abfahrt in Kitzbühel. Die schnellste Stelle der Streif ist der Zielschuss mit einer Neigung von 68 Prozent.
251,4	km / h ist der Geschwindigkeitsweltrekord auf Ski – aufgestellt vom Italiener Simone Origone an den Speedski-Weltmeisterschaften im französischen Les Arcs 2006. Damit erreichte Origone ein grösseres Tempo als ein Fallschirmspringer im freien Fall.

Zwei Schweizer Abfahrts-Weltmeister: Oben der Adliswiler Peter Müller, WM 1987 in Crans-Montana, unten der Schwyzer Franz Heinzer, WM 1991 in Saalbach. Hier bei seinem Triumph 1992 am Lauberhorn in Wengen

DER LEISE SUPERSTAR WELTMEISTER. OLYMPIA- UND GESAMTWELTCUPSIEGER. SPEZIALIST UND ALLROUNDER ZUGLEICH. CARLO JANKA IST DER ERFOLGREICHSTE SCHWEIZER SKIRENNFAHRER SEIT PIRMIN ZURBRIGGEN.

Carlo Janka ist kein Mann der lauten Töne. Er lässt lieber Taten sprechen. Und trotzdem befindet sich der Bündner aus Obersaxen plötzlich dort, wo die Sportwelt am grellsten und lautesten ist. Im Spotlight der internationalen Medien, an der verwischenden Grenze zum Showbiz und zur VIP-Kultur.

Im Februar 2010 gewann Janka in Whistler Olympia-Gold im Riesenslalom. Zwei Monate später reiste er nach Manchester, um sich als «Fan» im Old Trafford das Spiel der United gegen Tottenham anzuschauen. Er wurde empfangen wie ein König – von den geadelten Fussball-Legenden Bobby Charlton und Alex Ferguson. Wayne Rooney, Superstar des Millionenspiels und Jankas «Lieblingsfussballer», bat den Bündner um ein gemeinsames Erinnerungsfoto. Aus dem Bewunderer wurde ein Bewunderter. Olympia-Gold stellt vieles auf den Kopf.

Janka gelang quasi über Nacht das, was in der begrenzten Welt des Skirennsports den meisten verwehrt bleibt. Er weckte branchenübergreifendes Interesse, das auch die Schneeschmelze überdauerte. «Man spürt, dass ein Olympiasieg auch jenseits der Wintersport-Grenzen wahrgenommen wird. Plötzlich gehen Türen auf, die sonst nie aufgegangen wären», sagt Janka. Partner Rolex mietete für Werbeaufnahmen eine Villa am Genfersee und bot ein zehnköpfiges Team von Fotografen, Lichttechnikern und Visagistinnen auf. Im Juni flog die Luxusuhrenfirma Janka nach Wimbledon, um «Stallgefährte» Roger Federer zu treffen. Dass sich der Tenniscrack nach der bitteren Niederlage gegen Robin Söderling nicht blicken liess, war für Janka nachvollziehbar: «Ich wäre auch nicht gekommen», sagt er trocken.

Der Tag, der Jankas Leben nachhaltig veränderte, war der 23. Februar 2010 – als der Bündner an den Olympischen Spielen in Vancouver die Goldmedaille im Riesenslalom gewann. Zwar hatte er im Winter zuvor an den Weltmeisterschaften in Val d'Isère in seiner Spezialdisziplin ebenfalls schon triumphiert, doch die goldene Bestätigung lieferte er in Whistler – mit erst 23 Jahren und unter schwierigsten Bedingungen. Die Art und Weise, wie er sich nach verpatztem Olympia-Auftakt von Rennen zu Rennen steigerte, die schwierigen Schnee- und Pistenverhältnisse immer besser in den Griff bekam und im Riesenslalom den spektakulären Gold-Coup landete, zeugt von einer Abgeklärtheit und einer Nervenstärke, wie sie die meisten Athleten in ihrer gesamten Karriere nie erreichen – «Iceman». Janka wird seinem vom medialen Boulevard verliehenen Übernamen vollauf gerecht. Wo liegt sein Geheimnis für diese scheinbar unerschütterliche mentale Belastbarkeit? Wie schafft er es immer wieder, selbst unter höchstem Druck kühles Blut zu wahren? «Das ist mir angeboren. Ich mache nichts Spezielles und arbeite auch nicht mit einem Mentaltrainer zusammen. Ich schöpfe die Kraft aus der Ruhe.» So einfach ist das.

Experten sehen im Bündner aufgrund des fahrerischen Talentes und seiner Vielseitigkeit den legitimen Nachfolger des grossen Pirmin Zurbriggen. Drei Wochen nach Vancouver bewies Janka, der als Zweijähriger zum ersten Mal auf Ski stand und den Österreicher Hermann Maier als grosses Vorbild bezeichnet, dass er auch diesem Anspruch gerecht wird. In einem begeisternden Weltcup-Finale in Garmisch-Partenkirchen fing er dank Siegen in der Abfahrt und im Riesenslalom – quasi auf der Zielgerade – den Österreicher Benjamin Raich ab und gewann als erster Schweizer seit Paul Accola (1992) die grosse Kristallkugel. Welches war sein wichtigster Triumph? Olympia, WM oder Weltcup? «Olympia. Aber wenn ich ein weiteres Ereignis in meiner Karriere hervorheben müsste, dann den zweiten Platz in der Abfahrt von Lake Louise im November 2008 – mit der Startnummer 65. Das war die Initialzündung.»

120
121

SKI ALPIN

Der legitime Nachfolger
von Pirmin Zurbriggen.
Carlo Janka 2010 mit
der grossen Kristallkugel

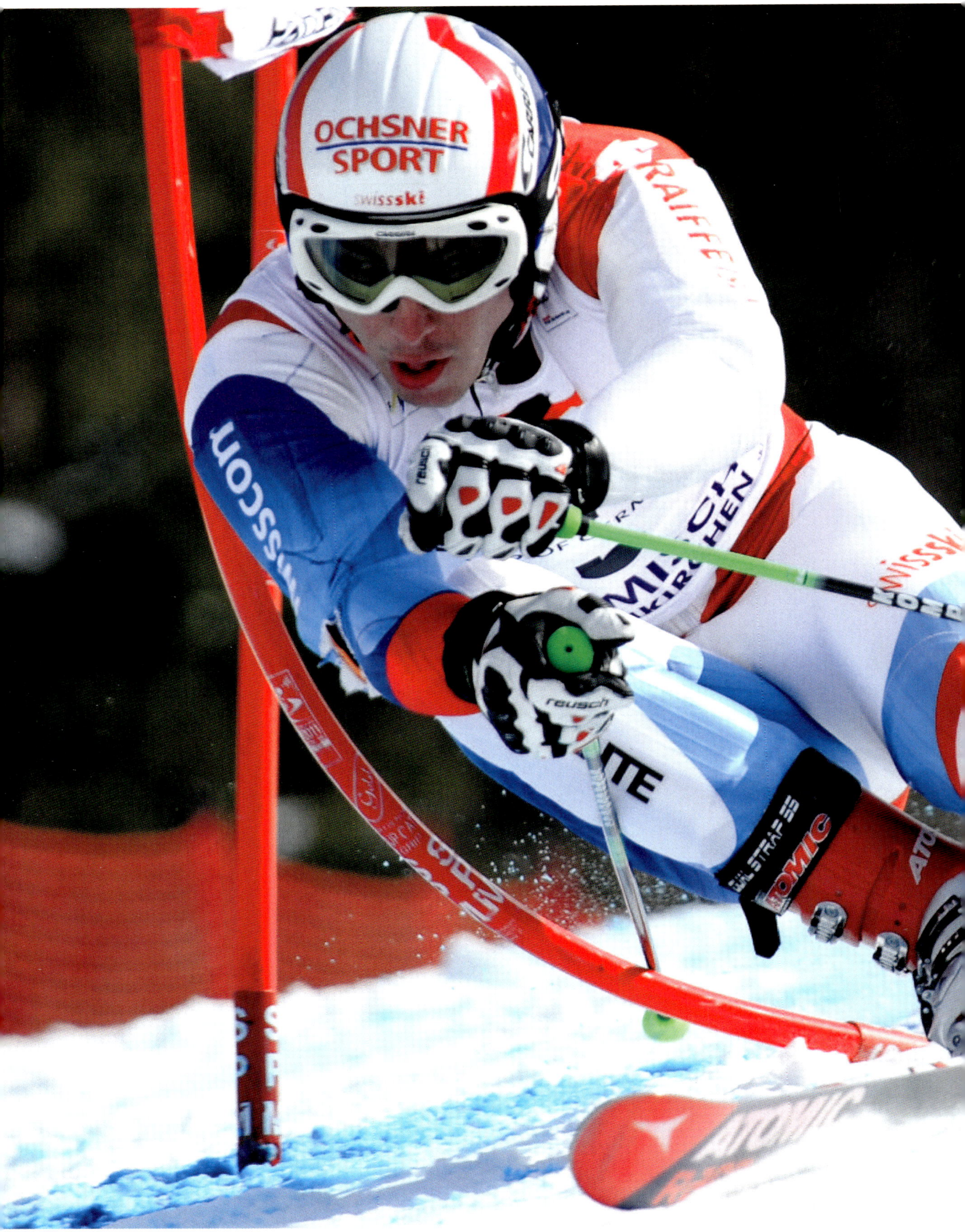
OCHSNER
SPORT
swissski
swisscom
reusch
ATOMIC

122
123

SKI ALPIN

Der Supertechniker: Mit dem Sieg im Riesenslalom von Garmisch-Partenkirchen sichert sich Janka den Erfolg im Gesamtweltcup.

In der Schweiz grassiert die Janka-Manie. Dabei gerät schier in Vergessenheit, dass in den Monaten und den Jahren zuvor auch diverse andere Fahrer Entscheidendes dazu beigetragen haben, die Skination Schweiz aus der sportlichen Düsternis und (vor allem) aus dem Schatten des Erzrivalen Österreichs herauszuführen.

ZAHLEN, DIE DAS WINTERSPORTLEBEN SCHREIBT

40

Paar Ski braucht Carlo Janka durchschnittlich pro Saison. In den technischen Disziplinen verwendet er immer den gleichen Skityp. Es ist also möglich, dass er drei bis vier Rennen auf dem selben Material fährt. In Abfahrt und Super G dagegen wird der Ski den äusseren Bedingungen (Wetter, Schnee, Gelände) angepasst. Die FIS schreibt heute für jede Disziplin einen anderen Skityp vor – im Gegensatz zu den Anfängen des Skirennsports. Um besser situiertere Sportler nicht zu bevorteilen, musste damals im Slalom und in der Abfahrt der gleiche Ski verwendet werden. Karl Molitor beispielsweise fuhr zwischen 1945 und 1947 ausnahmslos auf den gleichen Brettern.

124
125

SKI ALPIN

links | Zweimal die «1»: Paul Accola (r.) gewinnt 1992 den Gesamtweltcup und die Super-G-Wertung. Alberto Tomba holt sich die Riesenslalom-Kristallkugel

rechts | Auf dem Olymp. Janka gewinnt in Whistler Gold im Riesenslalom.

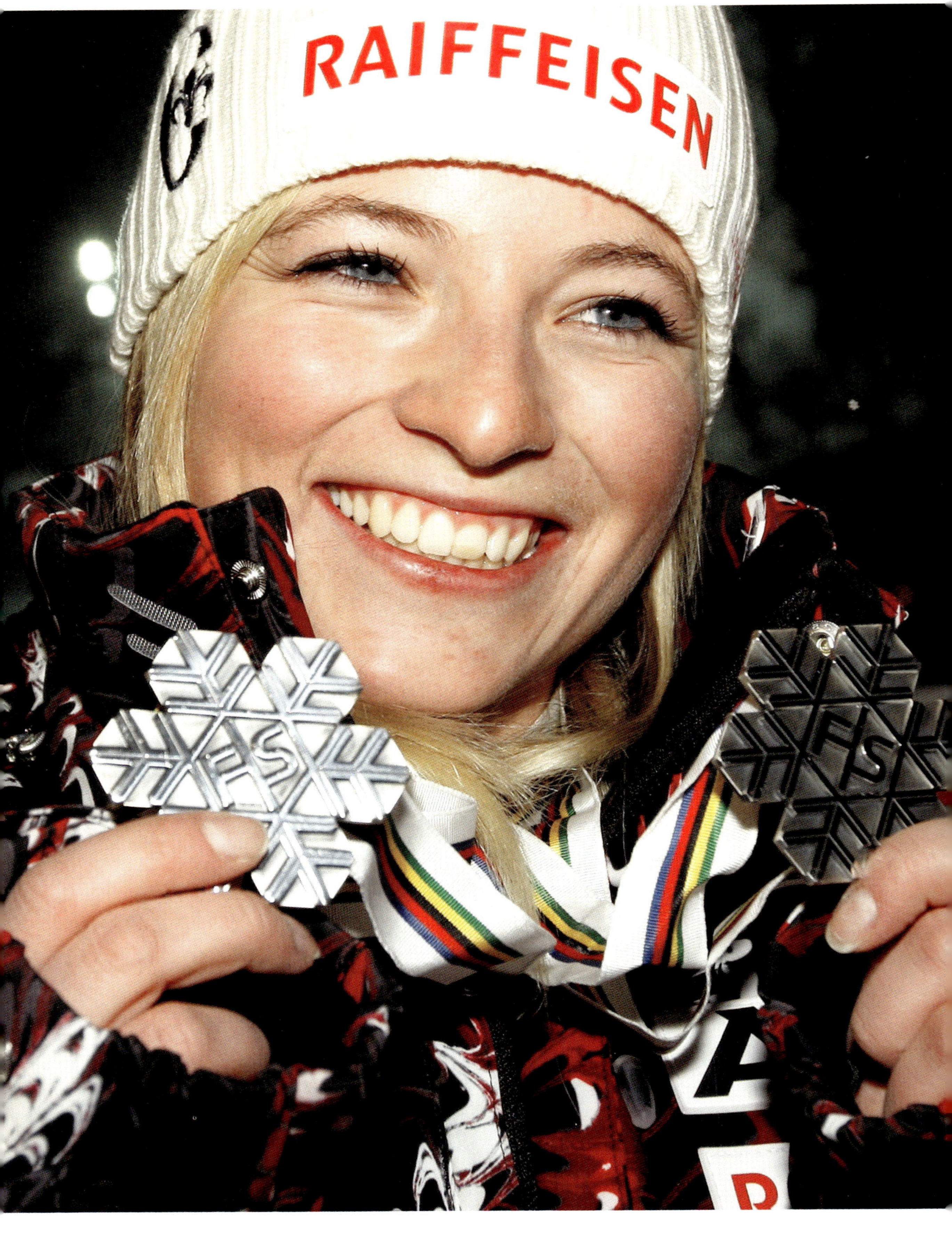
RAIFFEISEN

GOLD FÜR VON GRÜNIGEN, KERNEN UND NEF – GUT DIE BESTE? DYNAMISCH, SYMPATHISCH. DIE TESSINERIN LARA GUT VERZAUBERT DIE SKIPISTEN. MIT IHREM HERAUSRAGENDEN TALENT UND DER EXEMPLARISCHEN ARBEITSMORAL IST SIE DAS GRÖSSTE VERSPRECHEN FÜR DIE ZUKUNFT.

Die Berner Oberländer Michael von Grünigen und Bruno Kernen sorgten an den Weltmeisterschaften 1997 in Sestriere und 2001 in St. Anton für goldene Ausrufzeichen – «Mike» im Riesenslalom gleich zweimal; Kernen, der in seiner Karriere insgesamt vier WM-Medaillen und 2006 Olympia-Bronze in der Abfahrt gewann, bei den Titelkämpfen im Tirol. Auch Sonja Nef konnte bei dieser Gelegenheit mit dem Triumph im Riesenslalom die Austria-Dominanz durchbrechen und die Leiden der Schweizer Ski-Gemeinde lindern.

Die Zukunft verheisst ohnehin grosse Frühlingsgefühle im helvetischen Wintersport: Mit der am 27. April 1991 geborenen Lara Gut verfügt Swiss Ski über das weibliche Pendent zu Carlo Janka. Die Tessinerin aus Sorengo gewann am 20. Dezember 2008 im Alter von 17 Jahren und acht Monaten als bisher jüngste Fahrerin einen Weltcup-Super-G. An den Weltmeisterschaften in Val d'Isère fuhr sie in Abfahrt und Superkombination jeweils auf den zweiten Platz. Hätte sie aufgrund einer Hüftverletzung nicht die ganze Saison 2009 / 2010 verpasst, ihr strahlendes Siegerlächeln wäre schon jetzt zur attraktivsten Werbebotschaft des Schweizer Skisports geworden. Mit Guts herausragendem Talent, ihrem Kampfgeist und Ehrgeiz kann mit an Sicherheit grenzender Wahrscheinlichkeit gesagt werden: Aufgeschoben ist nicht aufgehoben. Lara Gut ist die Schweizer Antwort auf Lindsey Vonn.

126
127

SKI ALPIN

links | Zwei Silbermedaillen und ein Goldlächeln. Lara Gut an den WM 2009 in Val d'Isère

rechts | Kurventechnik in Vollendung. Trotzdem scheidet Lara Gut im WM-Riesenslalom aus.

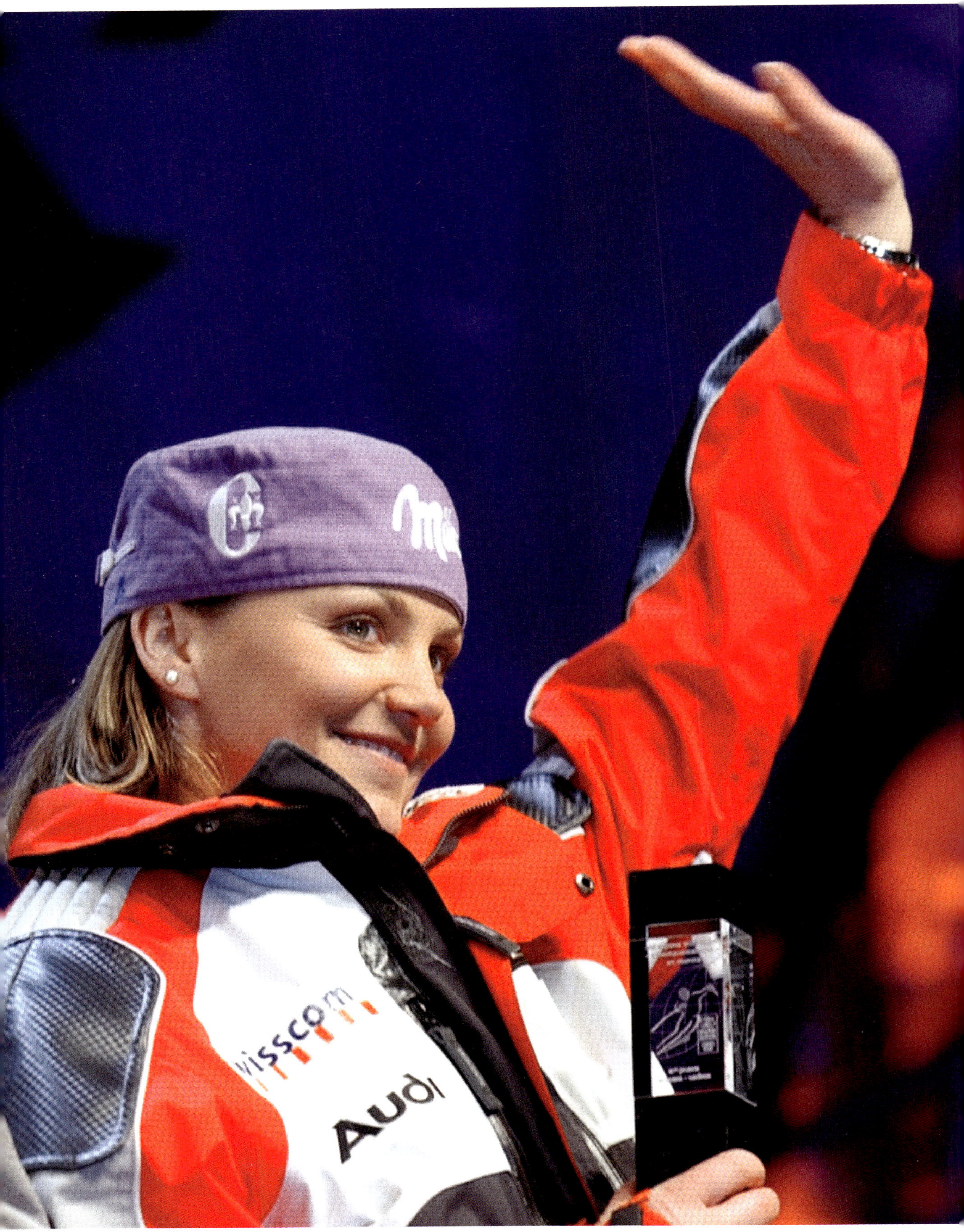
Audi

128
129

SKI ALPIN

Weltmeister-Galerie: Sonja Nef (links) gewinnt den Riesenslalom 2001 in St. Anton. Michael von Grünigen (rechts oben) triumphiert in der selben Disziplin 1997 in Sestriere und 2001 in St. Anton. Und Bruno Kernen (rechts unten) siegt in der Abfahrt 1997.

CUCHE – DER EVERGREEN ER VERBINDET FAHRERISCHE EXTRAKLASSE MIT GRÖSSTEM KAMPFGEIST. 2009 GEWANN ER DEN LANG ERSEHNTEN WM-TITEL UND WURDE SPORTLER DES JAHRES: DIDIER CUCHE. DOCH AN DEN OLYMPISCHEN SPIELEN IN VANCOUVER STAND ER IM SCHATTEN SEINES NAMENSVETTERS DIDIER DÉFAGO.

Vorderhand geht der bedeutendste sportliche «Heimatschutzpreis» aber an zwei Fahrer mit dem gleichen Vornamen – Didier Cuche und Didier Défago. Cuche, 1974 im neuenburgischen Le Pâquier geboren, hatte eigentlich gar keine andere Wahl als mit dem Skisport zu beginnen. Denn an seinem Wohnort Le Bugnenets befindet sich die Talstation des lokalen Skilifts direkt vor dem elterlichen Restaurant «Bonne Auberge». Als Metzgerlehrling bestand er die Lehrabschlussprüfung mit Erfolg, auf den Skipisten blieben ihm die Filetstücke zunächst aber verwehrt. An der Junioren-WM 1993 kam er in der Abfahrt nicht über den zwölften Platz hinaus. Bei seinem Weltcup-Debüt im selben Jahr war auf der anforderungsreichen Strecke in Bormio nur ein Fahrer langsamer.

«Die Letzten werden die Ersten sein.» Das Bibelwort sollte auf den Neuenburger zutreffen – wenn auch mit Verzögerung. Nach der Degradierung zum Europacupfahrer und einer fast einjährigen Verletzungspause (nach einem Schien- und Wadenbeinbruch) katapultierte er sich im Winter 1997 / 1998 an die Weltspitze. In Kitzbühel feierte er im Januar 1998 in der Sprintabfahrt seinen Premiere-Sieg im Weltcup. In Nagano gewann er einen Monat später im Super-G hinter Hermann Maier Olympia-Silber.

Es dauerte aber nochmals vier Jahre, bis sich Cuche wirklich ganz vorne etablieren konnte – zu stark setzte er sich selber unter Druck, zu gross war die Verkrampfung in den entscheidenden Momenten. Trotzdem waren sich die Fachleute immer einig: Ein Fahrer mit den technischen und physischen Voraussetzungen wird wieder in die Erfolgsspur zurückfinden. Sie sollten recht behalten. Am 5. Januar 2002 triumphierte Cuche am Kuonisbärgli in Adelboden, dem wohl schwierigsten Riesenslalom-Hang im Weltcup-Zirkus.

Obwohl der Romand auch in den folgenden Jahren regelmässig in die Spitzenplätze fuhr und sich disziplinübergreifend grossen Respekt verschaffte, blieb ihm der ganz grosse Coup verwehrt. Oft fehlte ihm im entscheidenden Moment auch das Schlachtfeldglück. Von drei Weltmeisterschaften kehrte der Neuenburger ohne Medaille heim. Im Januar 2005 zog er sich einen Kreuzbandriss zu. Viele schrieben ihn ab. In den folgenden Monaten entstand der Dokumentarfilm «Le Doute» («Der Zweifel»), der den beschwerlichen Weg zurück auf die Skipiste zeigte und Cuche über Sportkreise hinaus sehr populär machte.

Der Kämpfer kapitulierte nicht – im Gegenteil. 2007 schüttelte er den Ruf des «ewigen Zweiten» auf Nimmerwiedersehen ab. Er gewann erstmals den Abfahrtsweltcup und in Are endlich die erste WM-Medaille (Bronze im Riesenslalom). Das Meisterstück gelang ihm zwei Jahre später an der WM in Val d'Isère. Diesmal bewies der Metzger mit dem feinen Kanteneinsatz auch im wichtigsten Moment seine überragende Klasse: Auf der berüchtigten Piste «Face de Bellevarde» fuhr er die Konkurrenz im Super G in Grund und Boden und holte danach auch Silber in der Abfahrt.

Mit Didier Cuche ist es wie mit edlem Rotwein – je älter, desto besser. Als 35-Jähriger stand er in der Saison 2009 / 2010 sowohl im Riesenslalom wie in der Abfahrt auf dem Podest und ist seither der älteste Weltcupsieger in diesen Disziplinen. Spektakulär war vor allem das Double in Kitzbühel (Super G / Abfahrt), das zuvor erst die österreichischen Ausnahmekönner Stefan Eberharter und Hermann Maier gewonnen hatten. Im Dezember 2009 wurde Didier Cuche zum Schweizer Sportler des Jahres gewählt – vor dem (damals) 15-fachen

130
131

SKI ALPIN

«Cuche Spezial».
Der Neuenburger jubelt
über seinen Sieg im Riesenslalom von Adelboden
2002.

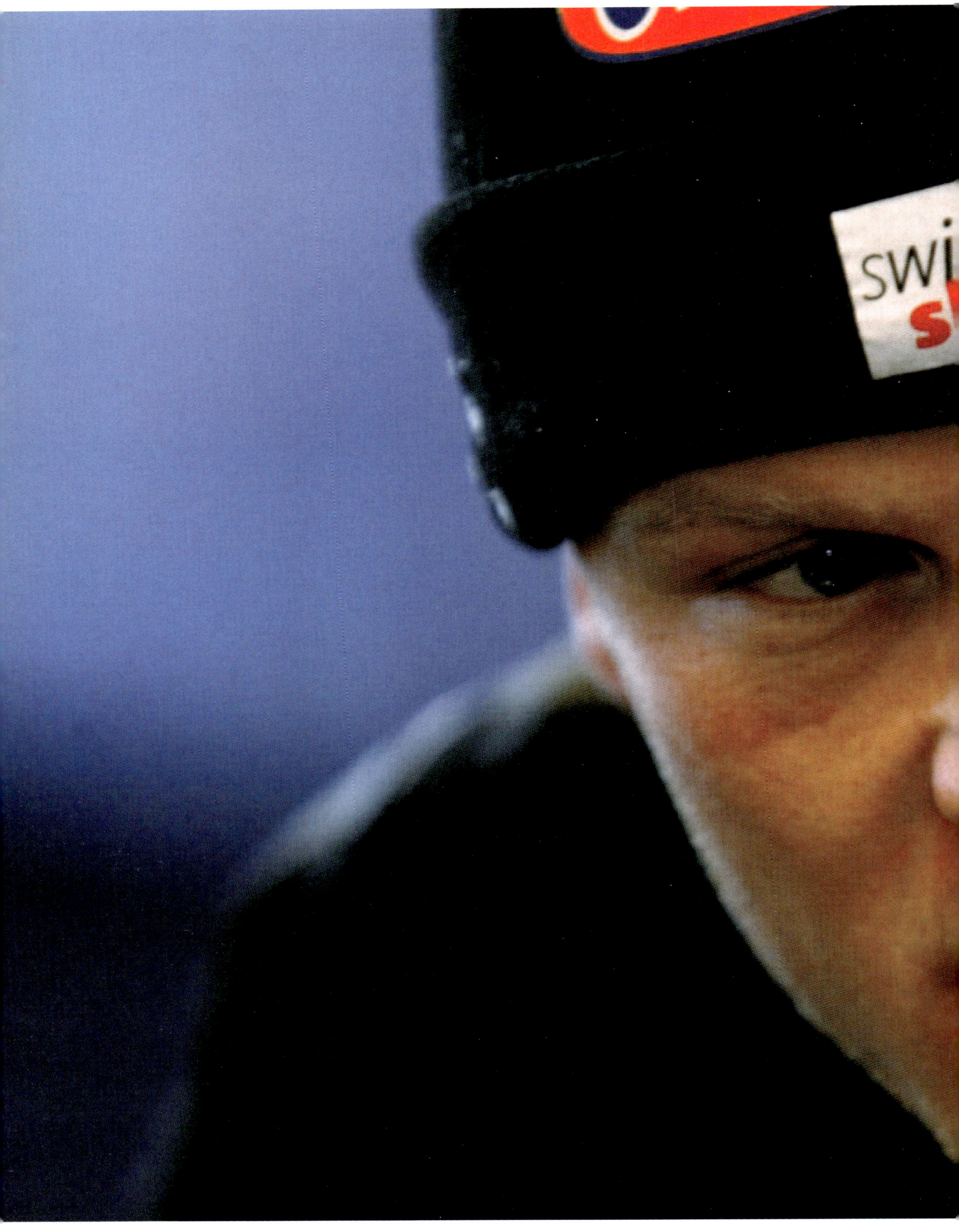

132
133

SKI ALPIN

Unnachgiebiger Kämpfer. Didier Cuche lässt sich durch keinen Rückschlag entmutigen – bis er an der WM 2009 die langersehnte Goldmedaille gewinnt.

Grand-Slam-Sieger Roger Federer. Mehr muss man zur Popularität des Neuenburgers nicht sagen. Trotzdem traf Didier Cuche im Winter 2009 / 2010 beim wichtigsten Rendez-vous mit Verspätung ein – anlässlich der Abfahrt an den Olympischen Spielen in Vancouver. Mit gebrochenem Daumen ging er an den Start, mit zerplatzten Träumen schwang er im Ziel ab: 0,36 Sekunden Rückstand auf den Schnellsten – 6. Platz in einem Rennen, das an Dramatik kaum zu überbieten war und einem Sieger, den niemand wirklich erwartete: Didier Défago.

Der Walliser setzte sich in den internen Ausscheidungen um den vierten Startplatz erst im letzten Moment gegen Tobias Grünenfelder und Patrick Küng durch. Im Schatten von Cuche und Janka wurden ihm höchstens Aussenseiterchancen eingeräumt. Doch dann zauberte der 32-Jährige aus der kleinen Skistation Morgins das Rennen seines Lebens auf die Piste. In den schnellen Kurven dosierte er den Kanteneinsatz perfekt, setzt sein technisches Können optimal ein und liess sich nicht mehr von der Goldspur abbringen. In einem der spannendsten Abfahrtsrennen der olympischen Geschichte verwies er den Norweger Aksel Lund Svindal und den Amerikaner Bode Miller um 7 respektive 9 Hundertstelsekunden auf die weiteren Podestplätze und gewann als erst dritter Schweizer (nach Bernhard Russi und Pirmin Zurbriggen) die prestigeträchtigste Auszeichnung im Skisport und schrieb ein Stück Sportgeschichte. Seit Vreni Schneiders Triumphfahrt im Slalom von Lillehammer 1994 war es der erste Schweizer Olympiasieg in einer Alpin-Disziplin.

Dass ausgerechnet Défago diesen Hauptpreis abholen durfte, mutet wie ein Wintermärchen an. Lange galt der Walliser als ewiges Talent, als blendender Techniker, der im entscheidenden Moment sein Können nicht umsetzen konnte. Wendepunkt in seiner Karriere war Januar 2009, als Défago innerhalb einer Woche die Klassiker am Lauberhorn und am Hahnenkamm für sich entschied. Als er ein Jahr später mit einem perfekten Lauf den Olymp erklomm, schien ihn das selber am meisten zu überraschen: «Olympiasieger klingt, sehr, sehr gut,» sagte er, «es ist nicht einfach, wenn man bei einem Grossereignis immer hohe Ziele hatte – und es nie funktionierte. Heute hat es funktioniert.» Von Grossereignissen war Défago zuvor stets mit leeren Händen nach Hause gekommen. Deshalb strahlt das Gold von Vancouver umso mehr.

DANIEL ALBRECHT – DAS RENNEN SEINES LEBENS AM 22. JANUAR 2009 STAND DIE SCHWEIZER SKIWELT UNTER SCHOCK. ALBRECHT STÜRZTE IM TRAINING ZUR HAHNENKAMMABFAHRT UND ERLITT SCHWERE KOPFVERLETZUNGEN. ALS ER DREI WOCHEN SPÄTER AUS DEM KÜNSTLICHEN KOMA ERWACHTE, WAR NICHTS MEHR WIE ZUVOR. OB ER DEN ANSCHLUSS WIEDER SCHAFFT, IST UNGWISSER DEN JE.

Nur zu gerne hätte sich auch Daniel Albrecht in diesem Schein gesonnt. Eigentlich war dem Walliser die Rolle des Vorkämpfers im internationalen Skizirkus auf den Leib geschrieben. 1983 in Fiesch geboren, räumte das Jahrzehnt-Talent an der Junioren-WM 2003 in Serre Chevalier im grossen Stil ab: Gold in Abfahrt, Riesenslalom und Kombination – Silber im Slalom. Bei den Grossen näherte sich Albrecht sukzessive der Spitze – mit dem grossen Durchbruch an der WM 2007 in Are. «Albright» kehrte mit einem kompletten Medaillensatz heim: Gold in der Kombination, Silber im Riesenslalom und Bronze im Teamwettbewerb.

Albrecht entwickelte sich zum perfekten Allrounder – mit Siegeschancen in jeder Disziplin. Am 21. Dezember feierte er im Riesenslalom von Alta Badia seinen vierten Weltcupsieg. Es schien nur eine Frage der Zeit, bis er nach der grossen Kristallkugel des Gesamtweltcupsiegers greifen würde. Dann der 22. Januar 2009 – und der Zielsprung der Hahnenkamm-Abfahrt in Kitzbühel. Im Abschlusstraining katapultierte es Albrecht bei Tempo 138 in die Höhe. Der Walliser verlor das Gleichgewicht und damit die Kontrolle und schlug mit dem

134
135

SKI ALPIN

Daniel Albrecht auf dem Höhepunkt. An der WM 2007 in Åre gewinnt er drei Medaillen, darunter Gold in der Kombination.

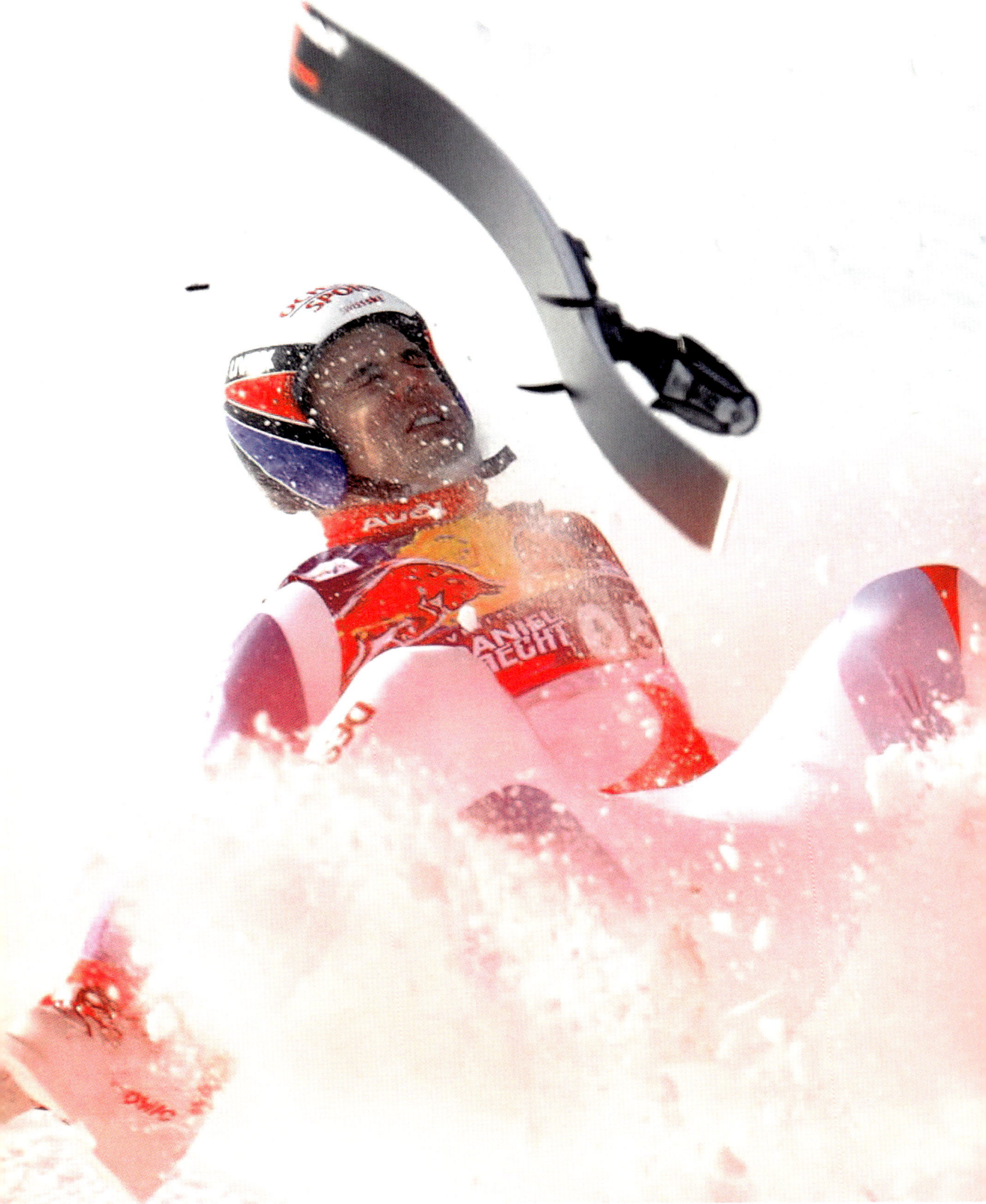

Hinterkopf mit voller Wucht auf der eisigen Unterlage auf und blieb bewusstlos liegen. Die Bilder des Unfalls sind so schlimm, dass sie vom Schweizer Fernsehen aus Pietätsgründen nicht mehr gezeigt werden.

Noch schlimmer aber war Albrechts Gesundheitszustand: Schädelhirntrauma, Gehirnblutung, Lungenquetschung. In Innsbruck wurde der Rennfahrer ins künstliche Koma versetzt. Als er drei Wochen später aufwachte, war nichts mehr wie vorher. «Ich wusste nicht einmal, dass ich Sportler bin. Erst Mitte März – Wochen nach dem Aufwachen – kamen die Erinnerungen zurück. Stück für Stück», beschreibt er jene Momente mit leiser Stimme, «es war wie bei einem Puzzlespiel. Ich musste Teilchen um Teilchen aneinanderfügen, bis sich wieder ein Bild ergab.» Nicht nur das Gedächtnis, auch die körperliche Motorik war arg in Mitleidenschaft gezogen. «Gleichgewichts-Test – das war vorher meine grosse Stärke, mein Talent. Jetzt wollte die Therapeutin, dass ich auf ein Bein stehe. Das kann doch nicht so schwierig sein, dachte ich. Ich schaffte es drei Sekunden. Nach einer Pause probierte ich es nochmals; diesmal schaffte ich vier Sekunden.» Albrecht, der nach der Entlassung aus dem Spital ein Projekt zur Unterstützung von hirngeschädigten Menschen initiiert hat, liess nicht locker. Schritt für Schritt kämpfte er sich in sein altes Leben zurück. «Ich war mir zuerst nicht sicher, ob das sinnvoll ist. Aber dann erinnerte ich mich, dass es als Kind mein grosser Traum gewesen war, Skirennfahrer zu werden. Ich musste diesen Traum nochmals leben, um mich der Normalität wieder anzunähern.»

Schon im folgenden Juni stand er wieder auf Skis: «Die Ärzte haben aufgrund der Höhenlage und der Gefahr vor Kopfschmerzen abgeraten. Doch ich musste es mir beweisen, dass ich es schaffen kann.» Albrecht schaffte es – ohne Kopfschmerzen. Und doch stiess er erstmals an seine Grenzen: «Ich hatte zwar die Ski an den Füssen. Aber ich wusste nicht, was machen.» Es folgten Monate des Kampfes, der Hoffnung – und der Enttäuschung: «Zuerst setzte ich mir zum Ziel, in Sölden 2009 an den Start zu gehen. Doch ich musste einsehen, dass es viel zu früh war. Ich kann mich zwar mittlerweile an mein früheres Leben als Skirennfahrer wieder erinnern. Doch einen richtigen Bezug habe ich dazu nicht mehr.»

Ähnlich verhält es sich mit den Bildern des Unfalls: «Die Ärzte rieten mir ab, das Video anzuschauen. Doch ich musste es tun. Schliesslich wollte ich wissen, was passiert war – wovon alle sprechen. Als ich die Bilder das erste Mal sah, wusste ich, dass ich das bin. Trotzdem war das Ganze irgendwie fremd.» Albrecht, der sich mit seiner Bekleidungslinie «Albright» schon vor dem Unfall ein zweites Standbein aufgebaut hatte, ist wieder voll ins Training der Nationalmannschaft integriert. Am Weltcup-Final 2010 in Garmisch-Partenkirchen wagte er sich im Riesenslalom als Vorfahrer auf die Strecke - eine zwiespältige Erfahrung: «Die Automatismen funktionieren wieder gut. Aber, wenn es ums Improvisieren geht – bei Übergängen beispielsweise – habe ich Probleme.» Auf das Zeitfenster für sein Comeback angesprochen, wird er nachdenklich: «Als Sportler neigt man dazu, sich unrealistische Ziele zu setzen. Ich bin schon froh, wenn ich es überhaupt nochmals probieren kann. Realistisch wäre wohl in zwei, drei Jahren.»

Und dann sagt er etwas, das man in all der Aufregung um Zeiten- und Medaillen-Jagd zu schnell vergisst: «Ich habe bei diesem Unfall Glück gehabt – grosses Glück.» Albrechts Gedanken sind bei diesen Worten auch bei Silvano Beltrametti. Der Bündner ist seit einem fatalen Sturz in der Weltcup-Abfahrt von Val d'Isère am 8. Dezember 2001 querschnittgelähmt. Albrecht blieb dieses Schicksal erspart. Das Rennen seines Lebens hat Daniel Albrecht bereits gewonnen – so oder so.

SKI ALPIN

Der fatale Augenblick. Albrecht stürzt im Training zur Hahnenkamm-Abfahrt 2009.

FALSCHE NATIONALHYMNE UND ECHTES HEU FÜR ERIKA ERIKA HESS HOLTE 1982 AN DER WELTMEISTERSCHAFT IN SCHLADMING DREIMAL GOLD; DAS WAR DER AUFTAKT ZU EINER GLANZVOLLEN KARRIERE. IM GOLDMEDAILLEN-SPIEGEL HERRSCHT EGALITÉ MIT VRENI SCHNEIDER.

Noch ehe die Schweizer Frauen zur Urne gehen durften, zeigten sie den Männern auf den Skipisten den Meister. Zwischen 1951 und 1982 deklassierte das sogenannte schwache Geschlecht das sogenannte starke Geschlecht magistral. Die alpinen Schweizerinnen gewannen während dieser drei Jahrzehnte sechzehn WM- und Olympia-Goldmedaillen, die Männer (Roger Staub, Bernhard Russi, Heini Hemmi) mickrige drei. Im Fussball würde man von einem Kantersieg sprechen: 16:3. Die Goldtore für das Damenteam schossen Renée Colliard, Frieda Dänzer, Yvonne Rüegg, Annerösli Zryd (je 1), Ida Schöpfer, Madeleine Berthod, Marie-Theres Nadig (je 2) und Erika Hess 6 (Doppel-Hattrick). Für die eigentliche Sensation sorgte 1972 das 17-jährige Küken der Schweizer Olympiadelegation: Marie-Theres Nadig kehrte mit zwei Goldmedaillen aus Sapporo in die Schweiz zurück. Hüben wie drüben flossen Tränen. Marie-Theres weinte vor Freude, die andere Marie, Annemarie Pröll aus Bad Kleinkirchheim in Kärnten, weinte aus Wut über ihre beiden zweiten Plätze in der Abfahrt und im Riesenslalom hinter dem unbekannten Nesthäkchen im alpinen Skirennsport. Die damals sehr wortkarge und scheue Marie-Theres «Maite» Nadig entwickelte sich im Laufe ihrer erfolgreichen Sportkarriere zu einer schlagfertigen Persönlichkeit, die 1980 in Lake Placid ein drittes Mal Olympiasiegerin geworden wäre, hätte sie nicht ein heftiger Windstoss förmlich aus der Abfahrtspiste katapultiert und auf Bronze relegiert. Heute kümmert sich die ehemalige Nationaltrainerin um den Skinachwuchs in ihrer Region und flirtet scheinbar mit der Emigration. Südamerika sei ihre Traumdestination, weiss die Boulevard-Presse zu berichten.

Nach den Unstimmigkeiten bei den österreichischen Athletinnen und Athleten in Sapporo leisteten sich zehn Jahre später österreichische Musikanten Misstöne. Als Erika Hess in Schladming auf der obersten Stufe des Siegerpodiums stand, spielte das Orchester die vor zwei Jahrzehnten abgeschaffte Nationalhymne «Rufst du mein Vaterland» mit der für Erika unpassenden Fortsetzung «hast noch der Söhne ja». Dabei hatte eine unserer wackeren Töchter, keine zwanzig Lenze jung, soeben die goldenen Schweizer 80er-Jahre mit 61 WM- und Olympia-Medaillen für die SSV-Delegationen eingeläutet. (Österreich revanchierte sich im Eisstockschiessen.) Der sehr ironisch kommentierte TV-Film über die Schladminger Siegerehrung verschwand unausgestrahlt im SF-Archiv. Der Fernsehdirektor befürchtete offenbar diplomatische Probleme wegen Taktlosigkeit gegenüber einem befreundeten Nachbarland. Wie dem auch sei oder war, die erste Schweizer Skiweltmeisterin seit 1972 verliess den Zielraum im Triumphzug auf den Schultern ihres Konditionstrainers Jacques Reymond. Sie muss sich dort oben sehr wohl gefühlt haben. Längst heisst Erika Hess Erika Reymond-Hess.

Jener WM-Titel bildete den Auftakt zu einer in der Schweiz vorher nie erreichten Serie. Erika Hess gewann in Schladming zwei weitere Goldmedaillen, war Kombinations-Weltmeisterin in Bormio 1985 und beschloss ihre Karriere 1987 in Crans-Montana mit Slalom- und Kombinations-Gold. Fazit: sechs Goldmedaillen, eine mehr als Pirmin Zurbriggen, Goldégalité mit Vreni Schneider, zwei Weltcup-Gesamtsiege, 6 kleine Kristallkugeln für Disziplinensiege im Slalom, im Riesenslalom und in der Kombination, 31 gewonnene Weltcuprennen. Nur an Olympischen Spielen blieb der Nidwaldnerin der ganz grosse Erfolg versagt. Einzige Ausnahme: dritter Slalomrang des damals knapp 18-jährigen Bergbauernmädchens 1980 in Lake Placid. Ausbeute: eine Bronzemedaille und zwei von den Nachbarn gestiftete Bündel Heu. Vier Jahre später verdrückte Erika nach den Enttäuschungen von Sarajevo heimlich ein paar Tränen. Keine Medaille, kein Heu.

Klein-Erika bestritt ihr erstes Skirennen im Alter von fünf Jahren. An den Rang kann sich Frau Reymond nicht mehr erinnern, doch über den Preis weiss sie Bescheid. Erika entschied sich für die Schokolade auf dem Gabentisch, lernte aber bald darauf die weniger süsse Seite des Skifahrens kennen. Das oft von ihrer Tante Annemarie Hess-Waser, der Slalom-WM Dritten 1958, zu den Rennen begleitete Kind brach zweimal das Bein. Beim ersten Unfall mass sich Erika mit den Buben im Schanzenspringen, beim zweiten versuchte sie ihren älteren Kameraden mit einer Schussfahrt zu imponieren. Ihre Cousine, Freundin und Rivalin Fränzi Hess verzichtete solidarisch auf die Teilnahme am nächsten Schülerrennen. Der Sieg hätte ihr keine Freude bereitet, weil Erika im Spital lag und nicht starten konnte. In dieser urgesunden Umgebung, im Bergheimetli Aeschi auf dem Altzellerberg, im Schoss einer intakten achtköpfigen Familie, fernab oberflächlicher Vergnügungsmöglichkeiten, wurde Erika Hess zur sechsfachen Weltmeisterin. Nur die Schulbehörden machten ihr Schwierigkeiten. Dann und wann hätte das intelligente, schon mit sechs Jahren schulreife Mädchen, für JO- oder Ovo-Grand-Prix-Rennen einen halben Tag schwänzen sollen. Das passte nicht ins Weltbild des Schulrates und der Erziehungsdirektion. Im Bergheimetli trafen viele geharnischte Briefe ein. Zweimal wurde die ausgezeichnete Schülerin nach Hause geschickt, weil sie kurze Hosen trug.

SKI ALPIN

Flüehli im Entlebuch wirbt am Slalomweltcup 1987 in Crans-Montana für sein Skigebiet. Es siegt jedoch keine Entlebucherin, sondern die Berner Studentin Corinne Schmidhauser (Mitte) vor der Nidwaldnerin Erika Hess (rechts) und der Österreicherin Monika Maierhofer.

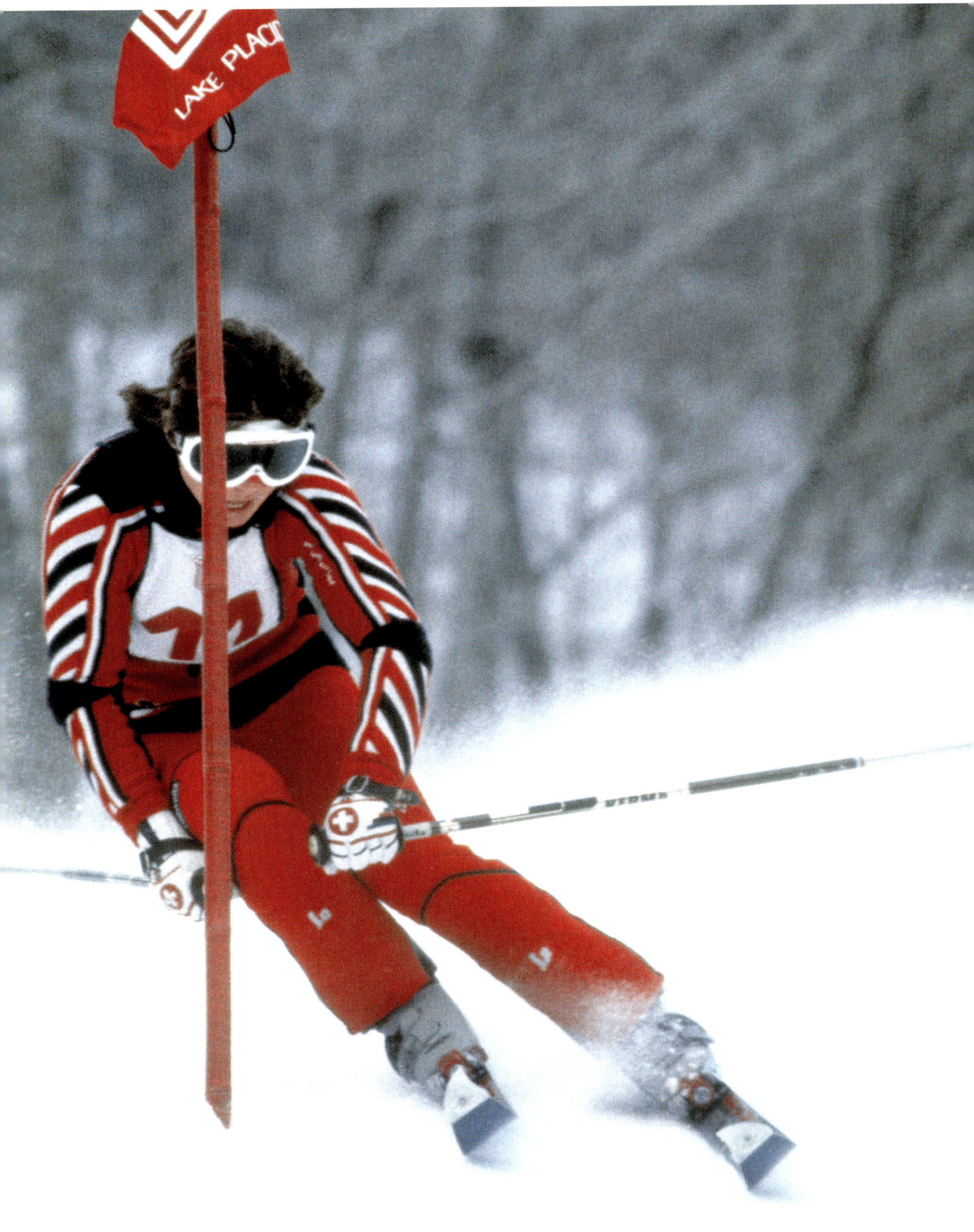
LAKE PLACID

140
141

SKI ALPIN

Die sechsfache Weltmeisterin Erika Hess gewinnt an Olympischen Spielen nur eine einzige dünne Bronzemedaille: Slalom 1980 in Lake Placid. Trotzdem hat sie das Lächeln nicht verlernt.

Bei späteren Siegesfeiern und Empfängen für «Eysi Erika» erinnerte sich indes kein einziger regierungsrätlicher Redner an die schulischen Kontroversen mit der Familie Hess und an die Knebel, die man dem sportbegeisterten Kind zwischen die Beinchen geworfen hatte. Wäre es den Schulmeistern gelungen, die Karriere der Skirennfahrerin zu verhindern, hätte sie vielleicht zu den Leichtathletinnen gewechselt. Der Teenager lief die 80 m in 10,6 Sekunden und wurde für die Schweizer Meisterschaft selektioniert. Weil dieser Anlass mit einem Ski-Trainingslager kollidierte, verzichtete Erika auf den sportlichen Seitensprung und blieb den Brettern treu.

Mit 15 Jahren, kaum flügge, debütierte das Multitalent auf der Weltcup-Bühne, mit 19 verdiente die Tochter bereits mehr als ihre Eltern und ihre fünf Geschwister zusammen, mit 20 erschien das erste Buch über das Mädchen vom Altzellerberg, und noch vor ihrem 25. Geburtstag war die hübsche junge Dame Weltmeisterin a. D. Das Heideblümlein Erika hatte sich in eine blühende Rose verwandelt.

Das Ehepaar Reymond-Hess wohnt heute in Saint-Légier-La Chiésaz im Kanton Waadt, es organisiert Trainingslager und Skirennen für den Nachwuchs und hofft, dass mindestens einer der drei Söhne dereinst Mutters Trophäensammlung erweitern wird. Falls alle drei reüssieren, gäbe es noch Land für einen Anbau.

DIE ERFOLGREICHEN SKILADYS IN DEN 90ER-JAHREN DAS ALPINE FRAUEN-TEAM WAR IN HÖCHSTFORM. ES WAREN DIE GLORREICHEN ZEITEN VON ERIKA HESS, MICHELA FIGINI, MARIA WALLISER UND VRENI SCHNEIDER.

Konkurrenz spornt an. Die Tessinerin Michela Figini und die Toggenburgerin Maria Walliser heizten der Nidwaldnerin Erika Hess tüchtig ein. «Michi», das skifahrende Wunderkind aus Prato-Leventina, gewann im Alter von 12 bis 14 Jahren sämtliche JO-Rennen und schlug meistens die älteren Buben. Als sie am 16. Februar 1984 in Sarajevo Abfahrts-Olympiasiegerin wurde und der Pfarrer nicht erreicht werden konnte, läutete Vater Miro Figini Pratos Kirchenglocken höchstpersönlich.

Michelas Vorbild war Doris de Agostini vom gleichen Skiclub Airolo. Die Abfahrtsspezialistin und WM-Dritte von 1978 bestritt im Winter 1982 / 83 ihre letzte, Michela Figini ihre erste Weltcup-Saison. In Interviews antwortete das Temperamentbündel perfekt in allen vier Landessprachen. Sie gewann von 1983 bis 1990 mehr als zwei Dutzend Weltcup-Prüfungen und zweimal den Gesamt-Weltcup. Die Krönung: zweimal Gold und dreimal Silber an Weltmeisterschaften und Olympischen Spielen. Wahrscheinlich wäre Michelas Palmarès noch glamouröser. Aber nach Meinungsverschiedenheiten mit ihrem Trainer Jan Tischhauser sagte das schwarzlockige, braunäugige Trotzköpfchen Hals über Kopf ciao, heiratete der ehemaligen italienischen Skirennläufer Ivano Edalini und lebt heute in Lugano. Ergo: Sportrentnerin mit 24 Jährchen. Seit dem Frühling 1990 werden Pratos Kirchenglocken wieder vom Pfarrer geläutet.

Fast gleichzeitig mit Figini verliess die drei Jahre ältere Maria Walliser die weisse Manege. Anlässlich seiner Weltcup-Premiere sagte das 17-jährige kratzbürstige Wildkätzchen: «Ich hasse es, wenn mich alle Leute mit meinem blöden Fahrstil sehen.» Die Teenie tadelte das Fernsehen! Aus Mariechen wurde die zunehmend hübschere Maria, und sie reihte Sieg an Sieg und tadelte das Fernsehen nicht mehr. Es präsentierte sie als Weltmeisterin 1987 in Abfahrt und Super G, als Abfahrtsweltmeisterin 1989, mit Silber und Bronze an den Olympischen Spielen 1984 und 1988, als zweifache Weltcup-Gesamtsiegerin und als Glamourgirl des alpinen Skirennsports mit Hollywood-Angeboten des Filmproduzenten und Oscar-

Preisträgers Arthur Cohn. Dann und wann kullerten telegen ein paar Tränen über Marias rote Backen; denn die Toggenburger Viehhändler-Tochter aus Mosnang (seit Frühling 1991 Frau Anesini-Walliser) triumphierte derart oft, dass sie Ehrenplätze mitunter fast traurig stimmten.

Eine Teamkollegin, die Maria Walliser immer öfter aus den Schlagzeilen und vor den Fernsehkameras verdrängte, hörte auf den Namen Vreni Schneider und kam aus dem einzigen Kanton, der einen Menschen (Fridolin, nicht Vreni) im Wappen hat. Das Landkind legte den Grundstein zur Medaillensammlung 1987 in Crans-Montana nach dreijähriger Durststrecke und avancierte in der Folge zur erfolgreichsten Schweizer Skirennfahrerin aller Zeiten. Vrenis Bilanz: dreimal olympisches Gold im Riesenslalom und Slalom, Silber in der Kombination, Bronze im Riesenslalom. An Weltmeisterschaften dreimal Gold im Riesenslalom und Slalom, Silber und Bronze in der Kombination. 55 Weltcupsiege, 3 Gesamtweltcup-Siege, 5 Riesenslalom- und 6 Slalom-Weltcupkugeln. Calgary war die Olympiade der Glarner. Dank Vreni Schneider und Bobpilot Ekkehard Fasser gingen 1988 mehr Goldmedaillen in den «Zigerschlitz» (684 km^2) als in die USA und nach Kanada (19 793 725 km^2) zusammen.

Der Name Vreni kommt von Verena. Davon gibt es viele in diesem Land. Gotthelfs Vreneli ging in die Literatur ein, ans Vreneli vom Guggisberg erinnert ein Volkslied. Familie Schweizer hortet Goldvreneli, oben am Glärnisch liegt Vrenelis Gärtli. Aus dieser Gegend stammt das fünfte Vreneli, die populärste Glarnerin. Sie wohnt in Elm, zuhinterst in einer Senke, die Sernftal oder Kleintal heisst. Berühmter als Vreni Schneider ist in Elm nur das Martinsloch, ein 16 × 9 m grosses Fenster am Tschingelhorn. Zweimal im Jahr, am 12. / 13. März und am 1. / 2. Oktober, blinzelt die Sonne vom Bündnerland her durchs Martinsloch haargenau auf den Elmer Kirchturm, was eine fast ebenso grosse Touristenattraktion ist wie es Vreni Schneider in ihren Glanzzeiten war. Über den Ursprung des Martinslochs weiss kein lebender Mensch Bescheid, der Werdegang der Tochter des Schuhmachers «Chäpp» Schneider dagegen gehört beinahe zur Allgemeinbildung. Sie lernte fast gleichzeitig Gehen und Skifahren. Derweil Vrenis Vorgängerin Erika Hess mit den Schulbehörden Schwierigkeiten hatte, legten die Elmer Lehrer der kleinen Skirennfahrerin keine Trämel in die Laufbahn. Sie liessen Vreneli stets springen, wenn irgendwo ein Rennen oder ein Trainingskurs stattfand. Weniger grosszügig war der Schweizer Skiverband. Er verweigerte seiner talentiertesten Nachwuchsfahrerin zweimal hintereinander die Promotion vom C-Kader in die B-Mannschaft: 1981 fehlte dem 16-jährigen Vreneli in der Wertung Swiss Cup ein winziger Punkt, 1982 entschieden lumpige acht Hundertstelsekunden (und sture SSV-Funktionäre) gegen die Elmerin. Diese Entscheide löste in Glarner Skisportkreisen stürmische Proteste gegen «Bern» aus. Cheftrainer Jean-Pierre Fournier und SSV-Direktor Hans Schweingruber liessen sich aus «prinzipiellen Gründen» nicht erweichen. Die bitter enttäuschte Vreni Schneider dachte ernsthaft an Rücktritt und meldete sich bei ihren Trainern ab. Schliesslich siegte der Ehrgeiz über den Trotzkopf. Vreni nahm das Training wieder auf und fuhr wohl oder übel eine weitere Saison in der «dritten Liga». Der SSV hatte mehr Glück als etwa zur selben Zeit der benachbarte ÖSV. In Österreich verpasste ein Vorarlberger Jahrhunderttalent ähnlich knapp und ebenfalls aus «prinzipiellen Gründen» den Sprung in ein höheres Kader. Des Lustenauers unversöhnlicher Vater erklärte hierauf dem Österreichischen Skiverband auf Lebzeiten den Krieg. Von da an siegte Marc Girardelli für Luxemburg und schnappte Österreich viele wertvolle Trophäen weg.

Als sich der SSV ein Jahr später etwas intensiver um den Rohdiamanten aus dem abgelegenen Kleintal zu kümmern begann, war Vrenis Vormarsch nicht mehr zu bremsen: erster Weltcupstart der 19-jährigen 1983 in Val d'Isère, erster Weltcupsieg im kommenden Winter in Santa Catarina, Gold, Gold, Gold, Gold, Gold, Gold für die brillanteste Technikerin auf zwei Brettern. Ab 1987 gehörte Vreni Schneider zu den höchstbezahlten Schweizer Frauen. Alle

SKI ALPIN

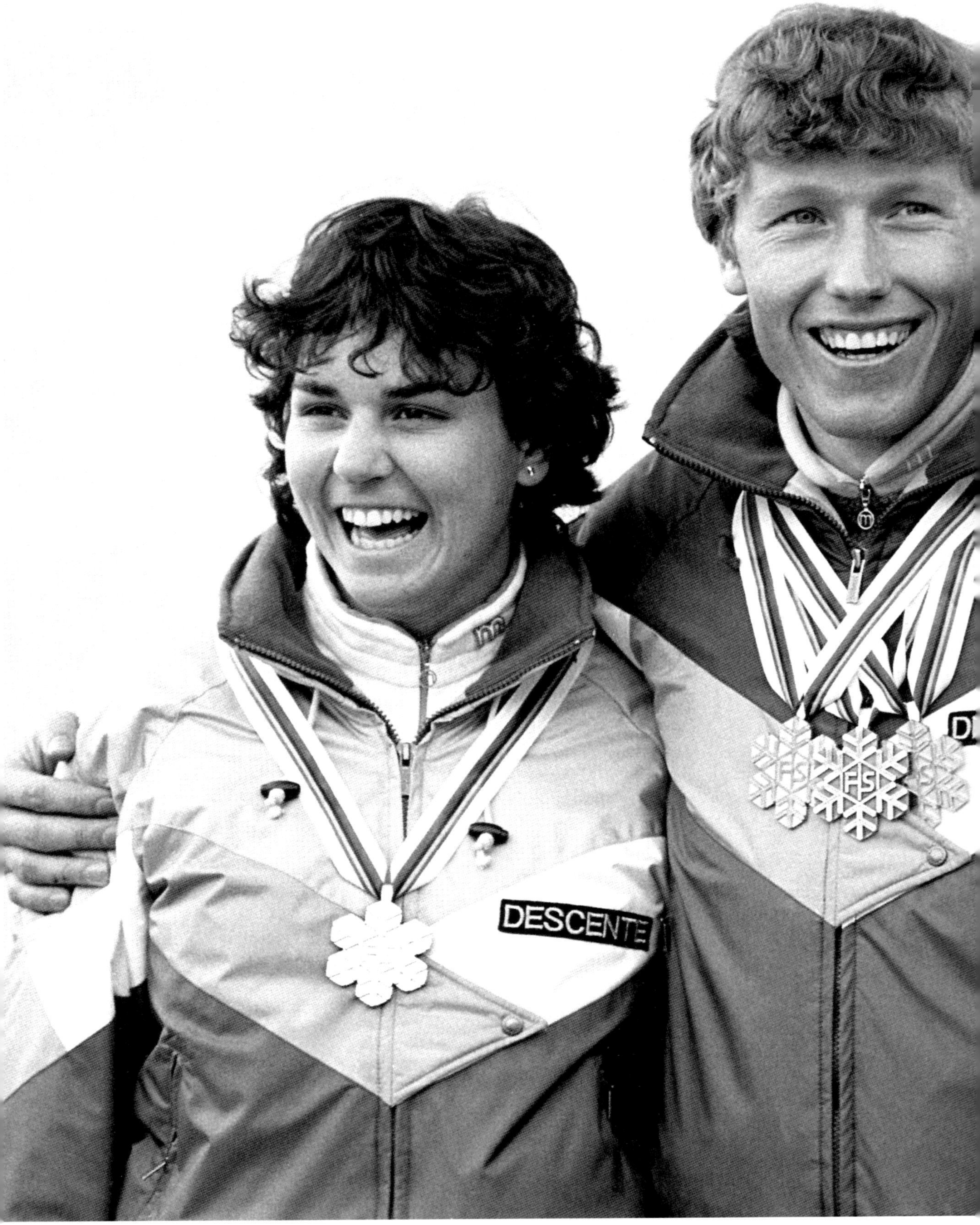
DESCENTE

SKI ALPIN

Zusammen besitzen sie
13 Olympia- und
WM-Goldmedaillen:
Michela Figini (links) 2,
Pirmin Zurbriggen 5,
Erika Hess 6

wollten mit dieser begnadeten Skiartistin Geschäfte machen. Skifabrikanten, Ausrüster, Kraftnahrungs-Produzenten, Trittbrettfahrer, Dingsda. Aber Vreni blieb Vreni vom Kleintal, die Tochter des Schuhmachers «Chäpp» Schneider, auch wenn sie in ihren besten Jahren mehr verdiente als drei Bundesräte zusammen. Das Geld hat ihren Charakter nicht verändert, obwohl es ab und zu ganz unverhofft bei Vreni landete. 1989 steckte ihr Yoshiaki Tsutsumi, Dollarmilliardär und Präsident des japanischen Skiverbands, nach dem Weltcupfinal in Shiga Kogen fast unbemerkt ein Kuvert in den Rucksack. Inhalt: herzliche Glückwünsche und 100 000 Yen. Vreni hat sie nicht verpulvert, sondern gut investiert. Sie blieb dem Wintersport treu und eröffnete mit ihrem Bruder Jakob in Elm eine nach ihr benannte Ski-, Snowboard- und Rennschule, die sie heute zusammen mit ihrem Mann führt. Ausserdem leistete die Glarner Ski-Ikone wertvolle Starthilfe für die beiden Sportgeschäfte in Elm und Glarus ihres anderen Bruders Heiri.

Die seit 1999 verheiratete 46-jährige Mutter zweier Söhne ist zudem Athletenbotschafterin der Entwicklungshilfe-Organisation «Right to Play» und unterstützt auch World Vision. Das kleine Kleintal wurde dank Vreni Schneider zum Grosstal.

146
147

SKI ALPIN

Maria Walliser (oben rechts) ist dreifache Weltmeisterin, doch in der «ewigen Rangliste» wird sie überragt von der besten Schweizer Skirennfahrerin aller Zeiten, von Vreni Schneider: links als Abfahrerin (!) in Vail und rechts in ihrer Lieblingsdisziplin als Riesenslalom-Weltmeisterin in Crans-Montana 1987

SNOWBOARD | **DIE SNOWBOARDER IM MEDAILLENREGEN**

AN DER OLYMPISCHEN PREMIERE DER SNOWBOARDER 1998 KATAPULTIERTE SICH DER AROSER GIAN SIMMEN AUF DEN OLYMP. ES WAR DAS ERSTE KAPITEL EINER GANZ BESONDEREN SCHWEIZER ERFOLGSGESCHICHTE.

Am 12. Februar 1998 schrieb ein 21-jähriger Aroser in Nagano Sportgeschichte: Gian Simmen, bis zu diesem Tag nur einem kleinen Kreis von Insidern bekannt, nutzte die Gunst der Stunde zum fulminanten Karrieresprung. Im olympischen Halfpipe-Final hob er in neue Dimensionen ab, erwischte die Konkurrenz komplett auf dem falschen Fuss – und gewann die erste Goldmedaille in diesem Boomsport. Dass es während des gesamten Contests wie aus Kübeln goss, besitzt rückblickend sinnbildlichen Charakter: Mit der olympischen Premiere setzte über den Schweizer Snowboardern der grosse Medaillenregen ein.

Dabei hatten vor dem Wettkampf im Schweizer Lager alle von Fabien Rohrer gesprochen – und von den favorisierten nordeuropäischen und amerikanischen Freestyle-Cracks. Doch Simmen überflog sie alle – im wahrsten Sinn des Wortes. Er glänzte mit seiner explosionsartiger Sprungkraft, der phänomenalen Höhe und den bestechend sicheren Landungen. Ebenso souverän wie in der Halfpipe bewegte sich der Neffe der Aroser Eishockey-Legende Jöri Mattli im medialen Scheinwerferlicht. Er trug die Message der neuen Wintersportgeneration auf sympathische, lockere Art in die Welt hinaus und leistete beste PR-Arbeit für eine Disziplin, die von Traditionalisten und Puristen als Fremdkörper im Olympischen Programm angesehen wurde. Dass der kanadische Riesenslalom-Olympiasieger Ross Rebagliati wenige Tage zuvor als Kiffer überführt worden war, stellte kurzfristig jeden «Snöber» unter Generalverdacht.

Simmen sorgte dafür, dass sich die Rauchschwaden verzogen und die Skeptiker in der Schweiz verstummten – und nie mehr zu Wort kommen sollten. Denn olympisches Edelmetall wiegt schwerer als konservatives Gedankengut. Seither sind die Snowboarder zuverlässige Medaillenlieferanten. Obwohl sie in Vancouver erst den vierten Auftritt im Zeichen der fünf Ringe hatten, belegen sie in der ewigen Schweizer Statistik (mit neun Olympia-Medaillen) bereits den dritten Platz unter allen Wintersportarten. Nur auf den Skipisten (56 Medaillen) und im Bobrun (30) sind Schweizer Olympiafahrer noch erfolgreicher.

Reduziert man die Bilanz aber auf die Winterspiele seit 1998, dann haben die Snowboarder den Massstab gesetzt – mit fünfmal Gold, einmal Silber und viermal Bronze. Simmen war der erste Schweizer Olympiaheld mit einem Brett an den Füssen, Philippe Schoch der Erfolgreichste. Der heute 31-jährige Zürcher Oberländer Alpin-Snowboarder gewann in Salt Lake City (2002) und Turin (2006) zweimal die Goldmedaille im Parallelriesenslalom. In Norditalien setzte er sich in einem denkwürdigen Finale gegen seinen um ein Jahr älteren Bruder Simon durch. Gold und Silber an ein Brüderpaar im gleichen Wettkampf – das ist eine Seltenheit in der olympischen Geschichte, aber nichts Einmaliges. 1984 in Sarajewo hatten die Amerikaner Phil und Steve Mare den Slalom der Alpinen zu einem Familienduell gemacht.

SNOWBOARD

Die weibliche Antwort auf Philippe Schoch lieferte in Turin Daniela Meuli. Die Davoserin, im Riesenslalom seit Jahren die dominierende Fahrerin und im Vorjahr Weltmeisterin, trat als grosse Favoritin zum Wettbewerb an – eine Ausgangslage, an der schon mancher Sportler zerbrochen ist. Doch Meuli hielt dem Druck stand, fuhr die Konkurrenz in Grund und Boden und setzte ihrer Karriere die goldene Krone auf. Auf dem Höhepunkt erklärte sie mit nur 27 Jahren den Rücktritt. Doch auch neben der Piste blieb sie erfolgreich. Noch im selben Jahr schloss sie an der ETH in Zürich ihr Studium als Sportlehrerin ab. Seit 2007 ist sie Trainerin des Schweizer Frauen-Mountainbike-Teams, unterrichtet an der Davoser Mittelschule und sorgt als Stützpunkttrainerin im Nachwuchsbereich dafür, dass die Schweizer Snowboarder auch künftig in der Goldspur bleiben.

Nicht alles in einem Sportlerleben ist aber planbar. Das weiss Tanja Frieden aus erster Hand – im Guten wie im Schlechten. Die Berner Oberländerin fuhr im olympischen Boardercross-Final 2006 einem sicheren Medaillengewinn entgegen. Doch Gold schien für sie ausser Reichweite. Zu souverän kurvte die Amerikanerin Lindsay Jacobellis dem Ziel entgegen, zu gross war ihr Vorsprung auf Frieden. Doch dann passierte auf dem Olympia-Run von Bardonecchia etwas, das als eines der grössten Missgeschicke in die olympische Historie eingehen sollte. Jacobellis wollte ihre Fahrt mit einer Showeinlage auf dem Zielsprung abrunden. Doch das Trickchen wurde zum epochalen Eigentor. Jacobellis verlor die Balance und setzte sich in den Schnee. Frieden fiel die Goldmedaille in den Schoss.

Noch populärer als «Gigi» – Gian (Simmen) von Arosa führt den Schweizer Snowboard-Sport in eine neue Dimension.

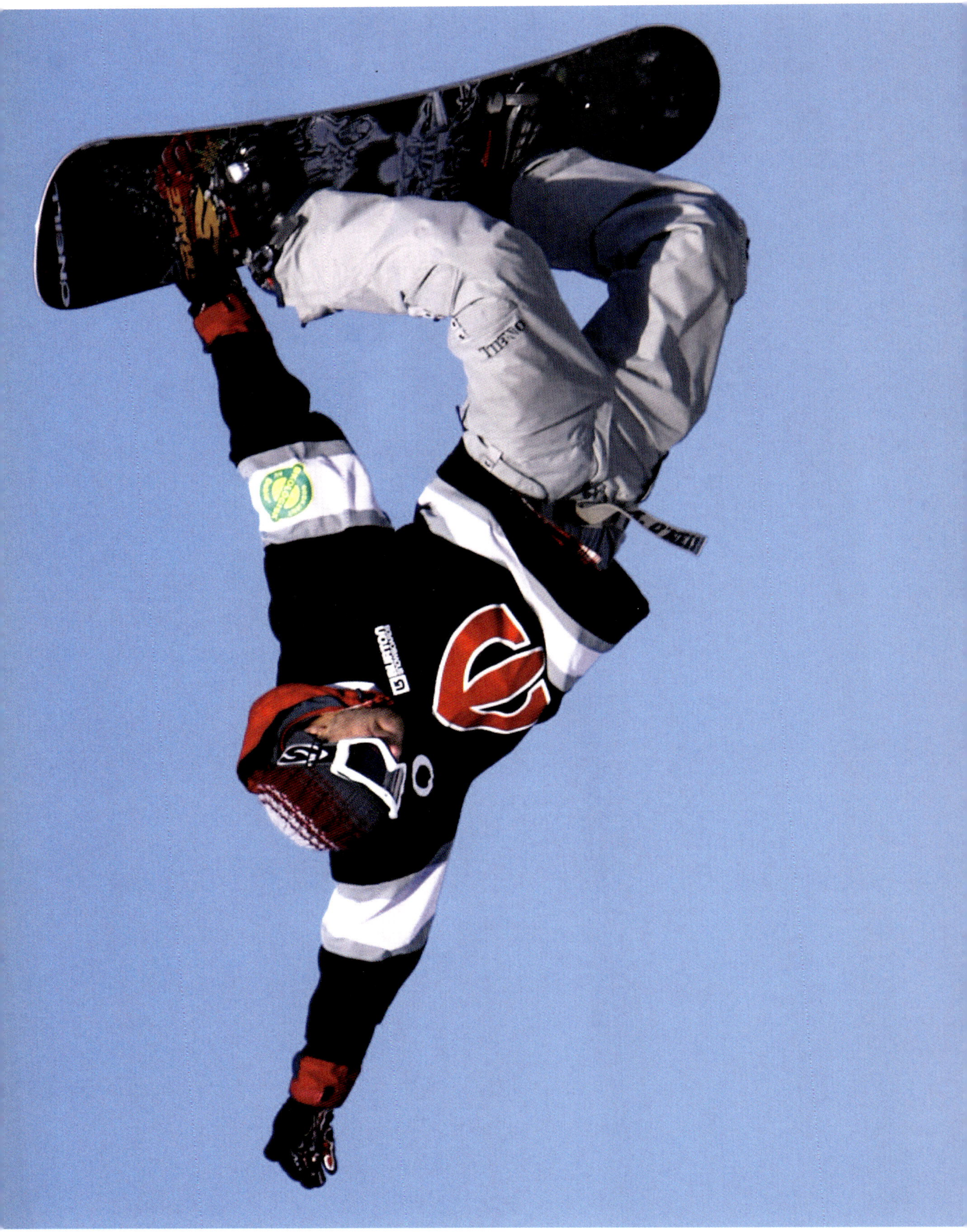

150
151

SNOWBOARD

Zwei Stars der Lüfte:
Simmen (links) und
Fabien Rohrer,
der langjährige Dominator
der Szene

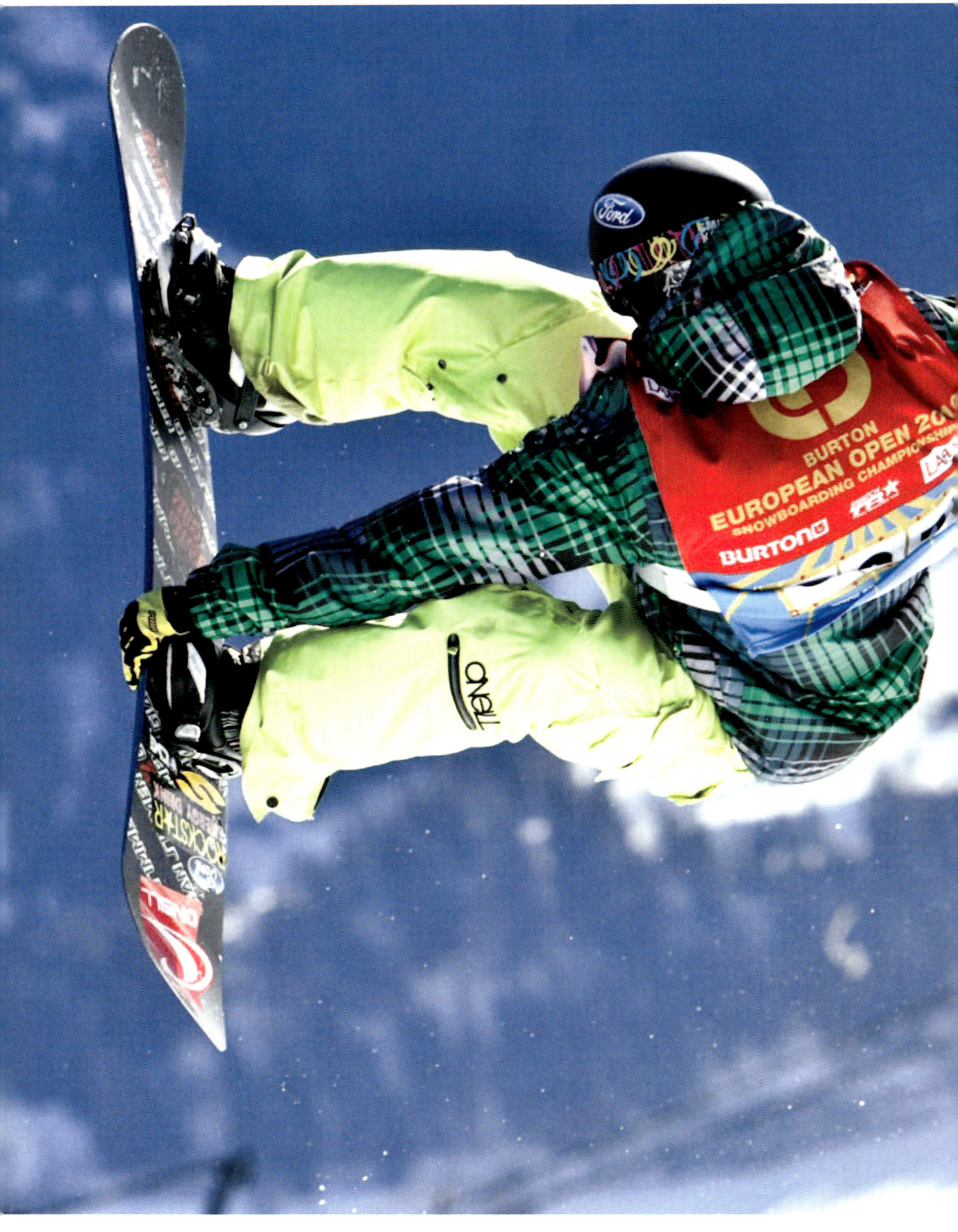
BURTON
EUROPEAN OPEN
BURTON

152
153

SNOWBOARD

Evergreen: Gian Simmen ist auch zwölf Jahre nach seinem Olympiasieg noch der Herr der Lüfte.

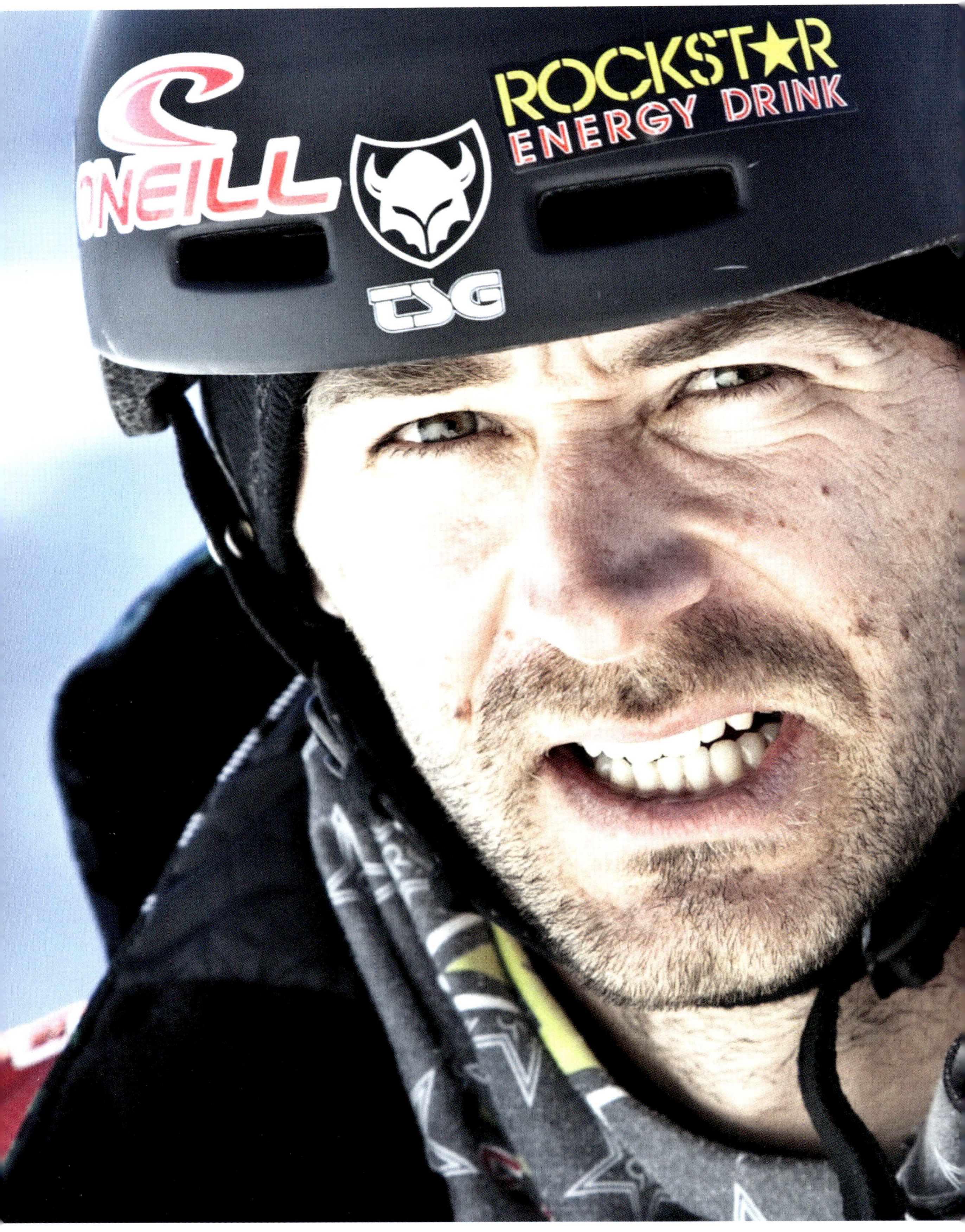
O'NEILL
TSG
ROCKSTAR
ENERGY DRINK

154
155

SNOWBOARD

Simmen – Kämpfernatur
mit Bodenhaftung

Ähnlich legendär wie das Finale war Friedens Kommentar: «Kurz vor dem Ziel dachte ich nur: Oh jesses, ich habe den Plämpel. Als ich Lindsay im Schnee liegen sah, konnte ich überhaupt nichts mehr denken. Verrückt, sensationell, unglaublich. Gopfriedstutz, ich kann die ganze Welt umarmen.» Dank ihrer spontanen und leutseligen Art eroberte Frieden die Sympathien weit über die Grenzen ihres Sports hinaus. Die Wahl zur Schweizer Sportlerin des Jahres 2006 war Ausdruck ihrer enormen Popularität. Vier Jahre später wollte sie in Vancouver den olympischen Coup wiederholen. Alles lief nach Plan. Doch dann traf sie das Sportlerschicksal mit voller Wucht. Am 20. Januar 2010 stürzte sie beim Weltcup in Stoneham schwer und riss sich beide Achillessehnen. Sechs Tage später erklärte sie in der Zürcher Hirslandenklinik den Rücktritt. Die Profi-Snowboarderin Tanja Frieden gibt es nicht mehr. Doch dank ihrem «Plämpel» hat sie einen Platz in unserer Sportgeschichte auf sicher – und einen in den Herzen der Schweizer Öffentlichkeit erst recht.

156
157

SNOWBOARD

Der «Plämpel», der ihr
Leben verändert.
Tanja Frieden fährt
2006 zuoberst
aufs olympische Podest –
und mitten in die
Herzen der Schweizer Fans

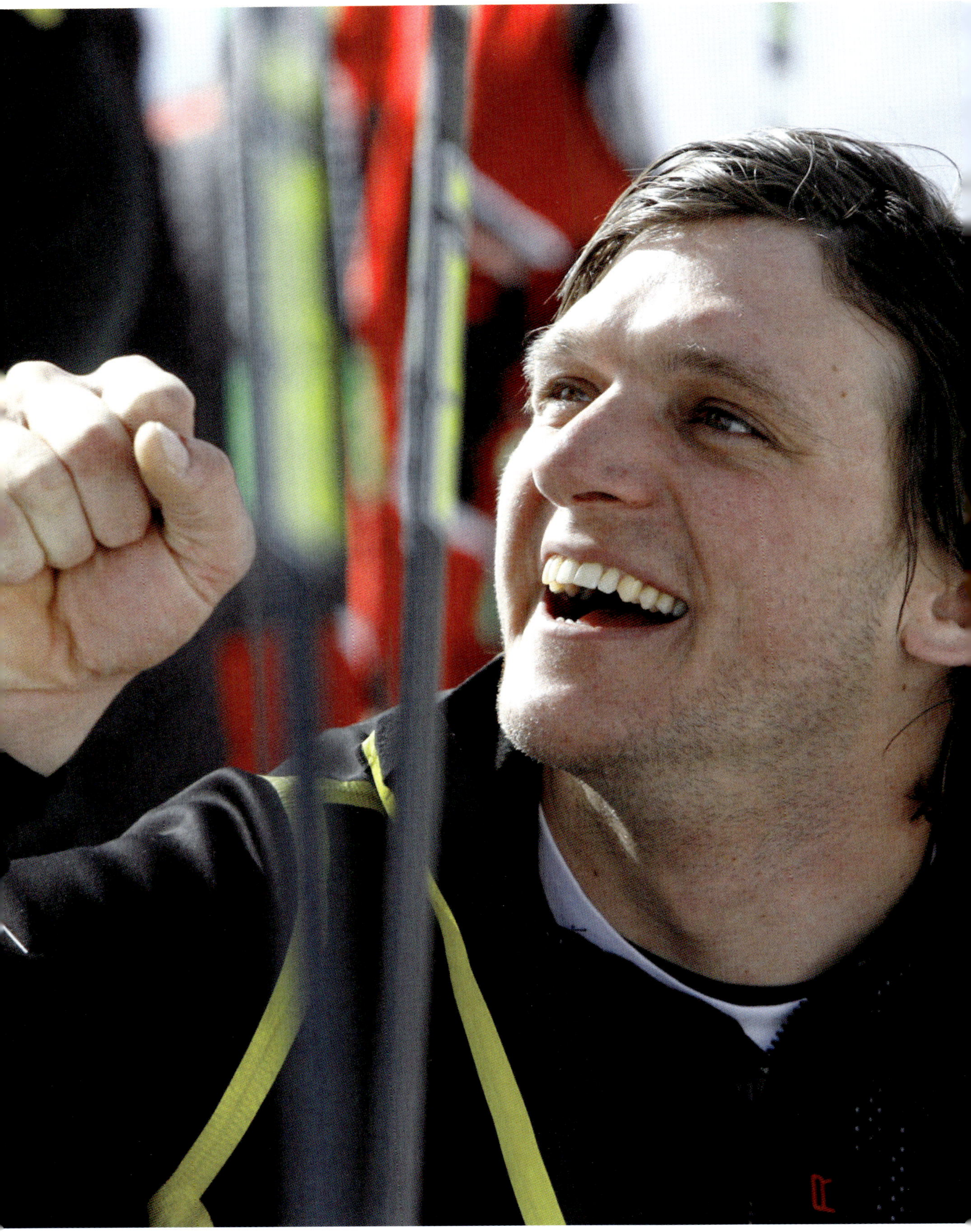

SKICROSS | **DER GOLDSCHMIED**

MIKE SCHMID IST EIN ALLROUNDER. ALS ALPINER GEWANN ER AUF JUNIOREN-STUFE MEDAILLEN IN SÄMTLICHEN DISZIPLINEN. ALS KOPFBALLSTARKER FUSSBALLER SCHAFFTE ER ES BIS IN DIE ERSTE MANNSCHAFT DES FC FRUTIGEN. DOCH RICHTIG ABGEHOBEN IST ER ERST AN DEN OLYMPISCHEN SPIELEN 2010 – ALS DOMINATOR DER NEUEN DISZIPLIN SKICROSS.

Schweizer Olympiateilnehmer besitzen die Lizenz zum Siegen – zumindest, wenn es sich um Premieren an Winterspielen handelt. Sonny Schönbächler 1994 im Springen der Skiakrobaten, Gian Simmen 1998 in der Halfpipe, Philippe Schoch 2002 im Parallel-Riesenslalom der Snowboarder, Tanja Frieden 2006 im Boardercross und – last but not least – Mike Schmid 2010 mit seinem grandiosen Auftritt auf dem Skicross-Parcour am Cypress Mountain bei Vancouver.

Der 25-jährige Schmid, im zivilen Leben Strassenbauer, überragte aber alle seine Vorgänger und Vorgängerinnen. Mit seinen 193 cm und 100 kg bringt er die Gardemasse eines Schwergewichtsboxers in den Schnee. Das kann im Skicross zum entscheidenden Vorteil werden. Denn in der jüngsten olympischen Disziplin, die auch schon als «Ringen auf Ski» bezeichnet wurde, werden die Medaillen im Kampf Mann gegen Mann vergeben und Wasserverdrängung und Ellbogeneinsatz sind wichtige Qualitäten. Neben Masse hat Schmid aber auch viel Klasse. Technisch gehört er zu den Stärksten der Szene und punkto taktischem Gespür und Risikomanagement macht ihm niemand etwas vor. In dieser oft wilden Sportart kann es manchmal besser sein, im richtigen Moment den Fuss vom Gas zu nehmen und sich aus zu gefährlichen Duellen herauszuhalten.

Bei Schmid war dies in Vancouver aber gar nicht nötig. Dank seiner schnellen Reaktionszeit und der explosionsartigen Starttechnik sahen ihn die Gegner nur von hinten. Selbst ehemalige Alpin-Cracks wie Daron Rahlves, der Kitzbühel-Abfahrtssieger von 2003, oder Audun Grönvold waren chancenlos. Auch Teamkollege Richard Spalinger fand im Viertelfinal kein Rezept: «Wenn Schmid mit seinem Gewicht einmal in Fahrt kommt, ist er fast nicht mehr zu bremsen. Dazu besitzt er eine unglaubliche Sprungkraft.»

«Wem das Gerangel nicht gefällt, muss halt schneller starten», sagt der Frutiger mit einem Augenzwinkern. In Vancouver führte seine Explosivität nach souveräner Qualifikationsbestzeit in der Direktausscheidung zu vier überlegenen Start-Ziel-Siegen. «Strassenbauer Schmid glitt wie auf einer virtuellen, eigens für ihn konstruierten Schiene zum schönsten Edelmetall seiner Karriere», schrieb die «Berner Zeitung» voller Entzücken.

Schmid lässt sich durch die Lobgesänge nicht den Kopf verdrehen. Er ist ein Olympiasieger mit Bodenhaftung. Nach seiner Goldfahrt gratulierte er vor laufenden Fernsehkameras als erstes seiner Schwester in der Schweiz zum Geburtstag, seiner Freundin Joëlle machte er eine öffentliche Liebeserklärung, in den Siegerinterviews entschuldigte er sich für sein

Handwerk mit goldenem Boden: Mike Schmid nach dem Triumph in Vancouver

schlechtes Englisch und als er nach der Rückkehr in Frutigen von den Kollegen in seiner Stammbeiz empfangen wurde, sagte er «Salü zäme,» legte die Goldmedaille auf den Tisch und setzte sich in die Runde.

Der Triumph von Vancouver hat den Alltag des Berner Oberländers kurzfristig aber gehörig durcheinander gewirbelt: «Plötzlich bin ich mit ganz neuen Sachen konfrontiert worden; Interviews, Fernsehauftritte, Autogrammstunden. Aber man lernt immer dazu. Und vor allem lernt man sich selber besser kennen.» Kürzlich musste er in Interlaken an einem Firmenanlass sogar ein Referat über sein Erfolgsrezept halten: «Das war ganz neu für mich. Ehrlich gesagt, war ich mir nicht sicher, ob ich es schaffe. Aber irgendwie geht es immer.»

Wie haben sich Erfolg und Bekanntheitsgrad auf seine finanzielle Situation ausgewirkt? Kann er als Olympiasieger mittlerweile vom Sport leben? Schmid lacht: «Wenn ich weniger essen würde, vielleicht schon. Nein im Ernst: Ich muss arbeiten, um anständig leben zu können. Wenn ich keine Termine habe, gehe ich ganz normal auf den Bau.»

Auch auf seine sportlichen Sommeraktivitäten hatte das Olympia-Gold keine Auswirkungen: Schmid spielt beim FC Frutigen als beinharter Verteidiger in der 3. Liga. «Ich bin kopfballstark», beschreibt er seine Qualitäten im Umgang mit dem Ball, «als Mittelfeldmotor wäre ich allerdings nicht zu gebrauchen. Und torgefährlich werde ich nur im eigenen Strafraum.»

Ungleich grössere Ambitionen als auf dem Fussballplatz entwickelte er von Beginn weg im Wintersport – zunächst allerdings in Alpin-Rennen. Dort war Mike in der Jugendorganisation JO einer der Besten und gewann als Neuntklässler an den Schweizer Meisterschaften in jeder Disziplin eine Medaille. Schmid wechselte in den Regionalverband und bestritt später sogar FIS-Rennen. Dort verlor er die Erfolgsspur aus den Augen. Der ambitionierte Junior, der das Siegen gewohnt war, traf immer wieder mit Verspätung ein und fand sich auf der Rangliste meistens unter ferner liefen. «Das verleidete mir», sagt er rückblickend.

Mit 16 zog Schmid die Konsequenzen und stellte die Alpinski in die Ecke. Zwei Jahre später trat er in Zweisimmen mit seinem Bruder Peter zum ersten Skicrossrennen an. «Wir machten das nur aus Spass. Aber mir gefiel dieser Sport auf Anhieb. Sprünge, Wellen, Kurven, Zweikämpfe. Abwechslungsreiche Parcours.» Schmids Seitensprung hat sich gelohnt. Dank seinem Olympiasieg ist er quasi über Nacht zu einem der populärsten Sportler des Landes geworden – in einer Sparte notabene, die noch ein paar Wochen zuvor fast niemand richtig kannte. «Eigentlich unglaublich», sagt Schmid in einer Mischung aus Erstaunen und Stolz, «eine Höllensache».

Doch der Held kennt auch die andere Seite. Vier Monate nach seinem olympischen Husarenritt diagnostizierte sein Arzt einen Riss des vorderen Kreuzbands am linken Knie: «Ich habe meinen Ohren nicht getraut. Ich kann nicht einmal genau sagen, wann ich mich verletzt habe. Ich habe zwar einmal beim Fussballspielen ein leichtes Zwicken gespürt, aber ich hätte nie gedacht, dass die Verletzung so gravierend sein könnte.» Unterkriegen lässt sich der Frutiger dadurch aber nicht. Auch die sechsmonatige Verletzungspause schmälert seinen Optimismus in keiner Weise: «Ich komme zurück - garantiert. Zum Aufhören bin ich noch viel zu jung.» Ein Versprechen, das die Schweizer Skigemeinde aufatmen lässt. Denn auf einen echten Goldschmied will niemand verzichten.

160
161

SKICROSS

ZAHLEN, DIE DAS WINTERSPORTLEBEN SCHREIBT	
300	LKW-Ladungen Schnee mussten herbeigeschafft werden, um an den Olympischen Spielen in Vancouver die Snowboard- und Skicross-Prüfungen am Cypress-Mountain zu sichern. Insgesamt wurden 95,3 Millionen Liter Wasser zu Kunstschnee verarbeitet.

Nach dem Olympiasieg der Weltcupsieg. Mike Schmid (m.) gewinnt 2010 auch die Gesamtwertung im Skicross

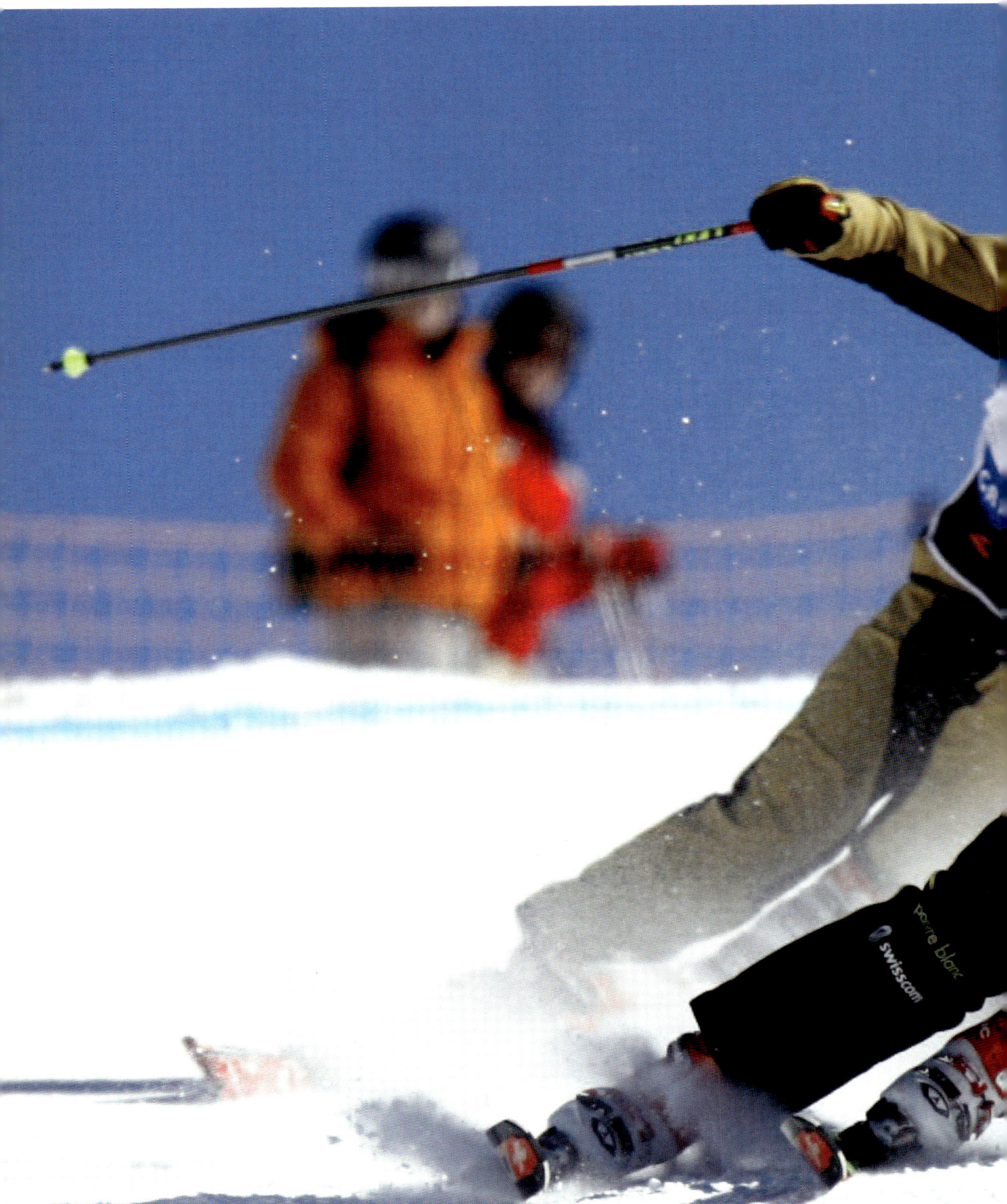
swisscom

162
163

SKICROSS

Ein gewohntes Bild. Mike Schmid (hier am Weltcup in Grindelwald) lässt seinen Gegnern das Nachsehen.

SKIAKROBATIK | **RIEDERALP? WO IST DAS?**

VOM SKICLOWN ZUM HOTELMILLIONÄR DIE RIEDERALP IST ART FURRER. UND ART FURRER IST DIE RIEDERALP, SKILEHRER, HOTELIER, BERGFÜHRER UND SKIAKROBAT. CONNY KISSLING WÄRE VERMUTLICH OHNE ART FURRER NIE SKIDANCE-QUEEN GEWORDEN.

Ich begegnete ihm erstmals 1970 anlässlich der Ski-WM in Val Gardena. Ich kam aus Zürich, er aus den USA. Wir sassen in einem kleinen Hotelzimmer auf dem ungemachten Bett. Ich stellte Fragen, er antwortete und antwortete und erzählte und erzählte. Aus dem geplanten Fünfminuten-Interview wurde eine dreissigminütige Radiosendung. Es war sein erster Schweizer Medienauftritt, seit er am 13. Dezember 1959 unser Land leicht verbittert verlassen hatte. Ein Jahr zuvor, 1958 in Pontresina, begann Arthur Furrers Skiakrobatikstory. Dort zeigte er seinen Skischülern zur Auflockerung des Unterrichts ein paar Kunststücke auf Schnee. Den Charleston, den Skitwist, das Pfauenrad, den Royal Switch, den Step Over. Showman Furrer erntete Applaus. Einen Winter später demonstrierte er seine Skiphilosophie einer Skischulklasse in Arosa. Je mehr Freude seine Schüler daran hatten, desto lauter wurde die obrigkeitliche Schelte. Die Gralshüter der Schweizer Einheitstechnik liessen sich solche Extravaganzen nicht länger gefallen und schlossen den Walliser Skirebellen stante pede aus der Interverband-Expertenkommission aus. Skiakrobatik, oder wie das Zeugs heisse, sei eines Schweizer Skilehrers unwürdig. Im gleichen Jahr nahm der damals beste Walliser Slalomfahrer an den ersten Selektionsrennen für die Winterolympiade 1960 in Squaw Valley teil… und schied aus. «Sie sind zu alt», sagte der technische Leiter des Schweizerischen Skiverbands. Wahrscheinlich meinte er: zu wenig angepasst, nicht linientreu. Furrer revanchierte sich auf seine Art, auf Arts Art. Weil er mit der Nationalmannschaft nicht durfte, reiste der 22-Jährige solo nach Amerika, im Gepäck ein Paar Ski, eine Keilhose, den von der Mutter gestrickten Pullover, im Portemonnaie 36 Dollar zu CHF 4.30. Dazu kamen Visaprobleme, weil er als Bergführer an einer Kaukasus-Expedition in der Sowjetunion teilgenommen hatte. Da sein Englisch nur aus «yes», «no» und «how do you do» bestand, trieb sich der Immigrant vorerst in Wintersport-Ressorts als pantomimischer Skiclown herum. Doch mit jedem Wort, das er aufschnappte, kamen einige Dollar hinzu.

Arthur Furrer, von den Amerikanern bald der zum Art Furrer umgemodelte Schweizer Skilehrer mit unschweizerischen Skiflausen, fand in den USA sein Publikum. Art stand jetzt nicht mehr bloss für Arthur, Art stand auch für Kunst. Der schnell zum amerikanischen Fernsehstar avancierte mausarme Sohn eines Oberwalliser Wilderers hatte während seiner Amerikazeit jährlich bis zu fünfzig TV-Engagements mit ständig steigenden Einschaltquoten. Die 36 Dollar vermehrten sich wie Kaninchen und verwandelten sich, Quadratmeter um Quadratmeter, in Oberwalliser Bauland. Es ging aufwärts mit Art, wörtlich wie bildlich. Vier Jahrzehnte nach unserem Gespräch im kleinen Albergo, besitzt der ewige Rebell, Skiakrobat, Skilehrer, Bergführer, Offizier, Hotelier, Unternehmer, gelernte Bauzeichner Hotels in Brig, auf der Riederfurka, auf der Fiescheralp und 600 Höhenmeter oberhalb seines 88-Seelen-Dörfchens Greich zwei Drittel aller Riederalp-Hotels. «Riederalp? Wo ist das?», hatte ich 1970 Arthur Furrer gefragt. Heute weiss es fast jedes Schweizer Kind. «Ah, Riederalp, da wohnt doch der Mann mit dem Cowboyhut.» Art Furrer, auch König der Riederalp genannt, aber dort nicht von allen geliebt (Neid ist des Narren Leid), setzte die herrlich gelegene ehemalige Kuhweide auf unsere Landkarte.

Aber es gibt noch den anderen Art Furrer, den Gomser Bergler Arthur Furrer. Er bestieg mit seiner Gattin Gerlinde, die ihm zwei Söhne und eine Tochter schenkte, alle 48 Schweizer und 10 französische Viertausender, erklomm Gipfel in der Arktis und Antarktis, am Himalaja, im Tibet und in Südamerika. In Afrika bestieg das sportliche Ehepaar den Kilimandscharo (5895 m), in Peru kletterten die beiden am Huascaran 6500 m hoch. Nur auf dem Uetliberg waren sie noch nie.

Arthur Furrer exportierte die Skiakrobatik 1958 nach Amerika, Art Furrer führte sie 1973 in der Schweiz ein! Der Umweg dauerte eineinhalb Jahrzehnte und verhalf dem ihm einst so schlecht gesinnten Schweizer Skiverband zu ungezählten Gold-, Silber- und Bronzemedaillen internationaler Güteklasse. Dank Conny Kissling aus Messen. Sie liess sich vom heute 73-jährigen Pionier inspirieren und wurde bald zur Miss World der Skiakrobatik. Die ab 1980 dem Spitzensport oft auf Skispitzen huldigende 24-Jährige wurde 1986 zur allerersten Freestyle-Weltmeisterin gekürt. Sie gewann bis 1992 106 Weltcup-Prüfungen, zehnmal den Gesamtweltcup und so nebenbei jede Menge Schweizer Meistertitel quasi im Abonnement. Die bildhübsche Solothurnerin hatte viele Kosenamen: Ski-Primaballerina, First Swiss Freestyle-Lady, Ski-Ballettkönigin, Miss Trickski, Skidance-Queen, reich machten sie diese Schmeicheleien nicht. Obwohl sich Conny auf Money reimt. Immerhin brachte die Braut am 1. Juni 2002 sieben Olympia- und WM- sowie etliche Dutzend andere Edelmetall-Scheiben als Mitgift in die Ehe mit Swiss Ski-Präsident Urs Lehmann; aber sein Abfahrts-WM-Gold von 1993 trug wahrscheinlich höhere Zinsen ein. Wenn zwei fast das Gleiche tun, ist es halt auch bei Eheleuten nicht immer das Gleiche.

SKIAKROBATIK

Arthur Art Furrer, der Mann mit dem Hut ist stets auf der Hut. 1960 Startkapital 36 US-Dollar, 2010 Immobilien-Imperium Riederalp

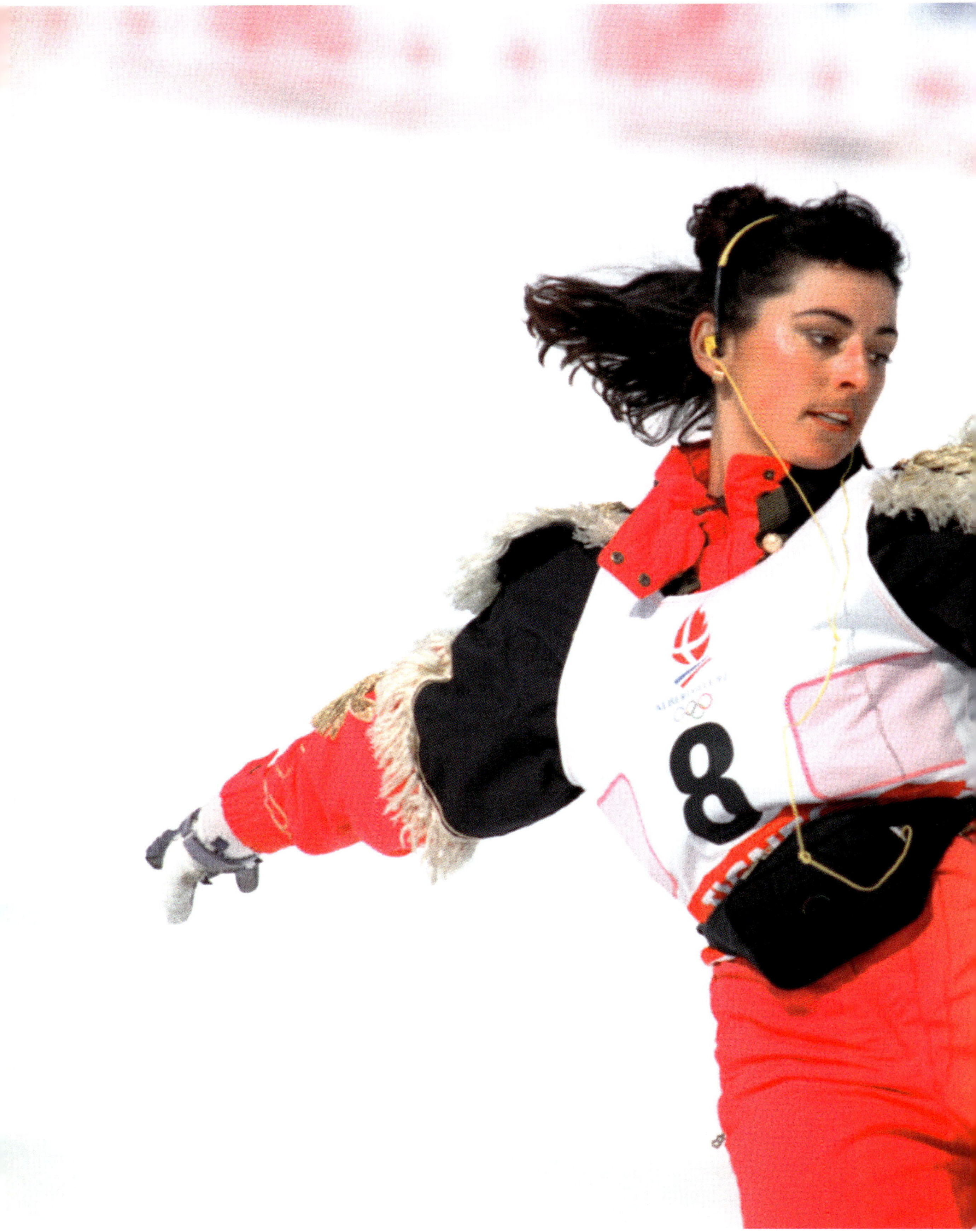
8

166
167

SKIAKROBATIK

Conny Kissling, Olympiasiegerin, Weltmeisterin, zehn Gesamtweltcup-Triumphe, 106 Weltcupsiege, First Swiss Freestyle-Lady, Ski-Primaballerina, besitzt an die 200 Gold-, Silber- und Bronzemedaillen nationaler und internationaler Herkunft.

SONNY UND EVELYNE AUF DEM OLYMP SALTI UND SCHRAUBEN SIND IHRE SPEZIALITÄT – KAPRIOLEN IHRE LEIDENSCHAFT. SONNY SCHÖNBÄCHLER (1994) UND EVELYNE LEU (2006) SPRANGEN DER KONKURRENZ AUF DEN OLYMPISCHEN SCHANZEN UM DIE OHREN.

«Full-Full-Full». Was wie die Bestellung an einer Bartheke oder die Aufforderung an einen Tankwart tönt, ist in der Skiakrobatik der Schlüssel zu epischen Heldentaten. «Sonny» Schönbächler 1994 in Lillehammer, Evelyne Leu zwölf Jahre später in Turin verdankten dem Dreifachsalto mit drei Schrauben den Sprung zuoberst aufs Olympische Podest.

Vor allem der damals 28-jährige Schönbächler, der im zweiten Umgang noch eine Schraube anhängte, katapultierte sich damit in neue Dimensionen. Im Weltcup noch nie siegreich und nach einem enttäuschenden 15. Platz im olympischen Demonstrationswettbewerb von Albertville zurückgetreten, gab sein Comeback im Wettkampfgeschäft nur deshalb, weil in Lillehammer das Springen der Skiakrobaten erstmals im offiziellen olympischen Programm figurierte. Trotz einer einjährigen Pause hatte er keine Schwierigkeiten und sprang mit zwei zweiten und einem dritten Platz im Weltcup mitten unter die aussichtsreichsten Medaillenkandidaten für Lillehammer. Wie war das möglich nach zwölfmonatiger Absenz von der Wettkampfbühne? Schönbächler: «Gesprungen bin ich immer – mit meiner eigenen Showtruppe. So verlor ich den Rhythmus nie.» «Freestyle Acrobatic Street Show» hiess Schönbächlers Ensemble, das in ganz Europa die Zuschauer begeisterte – vom Seenachtsfest in Rapperswil bis zur Schlussfeier der Olympischen Spiele für Kleinstaaten in Andorra.

An den «echten» Olympischen Spielen waren die Perspektiven des Zürchers jedoch bescheidener – zu gross schien die Übermacht der kanadischen und amerikanischen Springer. Doch Schönbächler liess sich dadurch nicht entmutigen, holte im Schatten der favorisierten Konkurrenz zum grossen Coup aus und machte das, was man sonst vor allem von US-Athleten kennt: Er entwickelte einen fast schon unheimlichen Siegeswillen, legte die gesamte Konzentration und alle seine Fähigkeiten in diesen einen Wettkampf, brachte im entscheidenden Moment die bestmögliche Leistung und zauberte die perfekten Sprünge hervor – mit jeweils bestechend sicheren Landungen. «Full-full-full.» Nordamerika staunte über diesen sympathischen Überflieger, der wie aus dem Nichts kam. Auf den Plätzen zwei bis sieben waren ausnahmslos kanadische und amerikanische Athleten klassiert.

Mit seinen Sprüngen verdrehte er den Gegnern den Kopf. Mit Lockerheit und Eloquenz zog er danach auch die Fernsehzuschauer in seinen Bann. In einer Sportart, die es im Alltag normalerweise nicht über die Resultatspalten der Zeitungen hinausschafft, brachte er es zu landesweiter Bekanntheit. «Es war die grosse Möglichkeit, unserem Sport zu mehr Publicity zu verhelfen», erinnert sich Schönbächler, «es war mir von Anfang an klar, dass nur Olympia zählt. Deshalb bin ich zurückgekehrt.» Tatsächlich ist sein Husarenstreich vielleicht der Olympiasieg mit der grössten Nachhaltigkeit für eine Randsportart überhaupt: Schönbächler nutzte den Rückenwind, um in seinem Heimatort Mettmenstetten eine Wasserschanzenanlage aus dem Boden zu stampfen. 1996 eröffnet, ist das «Jumpin» quasi das Epizentrum der gesamten Szene. Skiakrobaten aus diversen europäischen Ländern kommen hier ebenso zum Sommertraining zusammen wie Snowboarder aus dem In- und Ausland. «Wir sind fast immer ausgebucht. Firmenanlässe. Schulklassen. Neuerdings haben wir auch grosser Zulauf aus der Free-Ski-Szene. Ausserdem trainiert die weissrussische Skiakrobatik-Nationalmannschaft jeden Sommer neun Wochen hier.» Gut möglich, dass Schönbächler, der auch als Besitzer eines Fitness- und Beauty-Centers auf einer Erfolgswelle reitet, bald die weissrussische Ehrenstaatsbürgerschaft erhält. Denn mit dem Skiakrobaten Alexej Grischin gewann in Vancouver erstmals ein Sportler aus Weissrussland Gold an Winterspielen. Ohne das Basislager im Säuliamt wäre das nie möglich gewesen.

168
169

SKIAKROBATIK

In Vancouver verpasst Evelyne Leu ihre zweite Olympiamedaille. Doch mit dem Triumph von Turin hat sie sich 2006 einen Platz in der Wintersportgeschichte gesichert

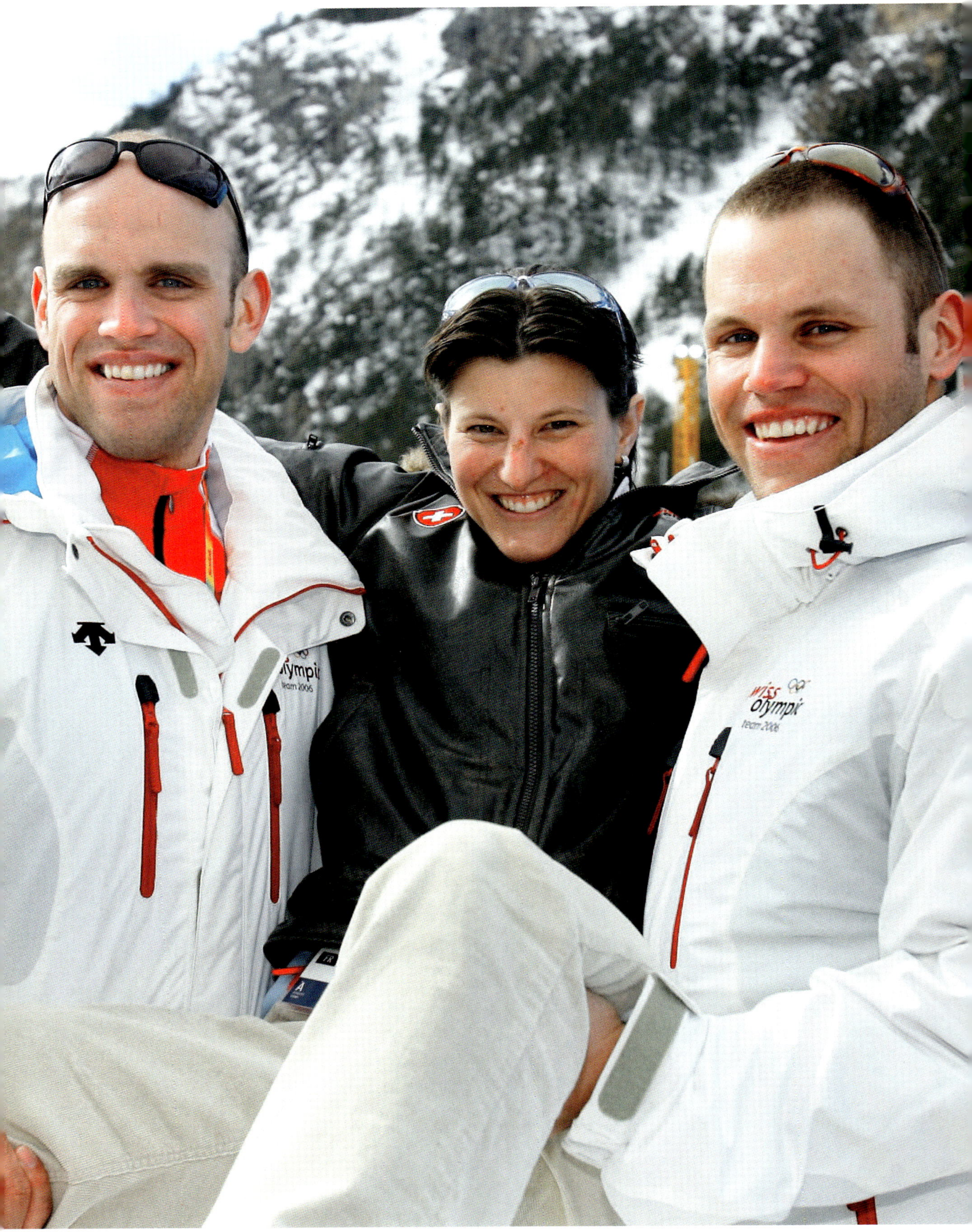
wiss
olympic
team 2006

SKIAKROBATIK

Die infrastrukturelle Grundlage, die Schönbächler mit diesem visionären Projekt legte, macht aber nicht nur osteuropäische Überflieger glücklich; sie warf auch Zinsen in Form von weiterem olympischem Edelmetall für die Schweiz ab. 1998 flog Colette Brand in Nagano auf den dritten Platz. Acht Jahre später sorgte die 30-jährige Baselbieterin Evelyne Leu an den Olympischen Spielen von Turin für eine weitere Sternstunde in der Schweizer Freestyle-Geschichte: Auf den Schanzen von Sauze d'Oulx gewann sie als zweites Mitglied von Swiss Ski Olympia-Gold in der Skiakrobatik.

Anders als Aussenseiter Schönbächler zählte Leu zu den meistgenannten Favoritinnen – mit dem gleichen Rezept: Full-Full-Full. Zuvor hatte sie diesen Sprung erst im Training gestanden. Weder der tief hängende Nebel über den Olympiaschanzen noch die zahlreichen Unterbrüche während des Wettkampfs konnten Leu aus der Balance werfen. Wie Schönbächler in Lillehammer zeigte sie im wichtigsten Moment ihre stärkste Leistung. Vier Jahre zuvor in Salt Lake City war ihr Timing noch suboptimal gewesen. Nach dem Sieg in der Qualifikation (mit Weltrekordergebnis) stürzte sie damals in beiden Finaldurchgängen.

Neben dem Olympiasieg gewann Leu neun Weltcupspringen und 2005 die WM-Silbermedaille. 1994 hatte sie im Weltcup debütiert. Ihren Status als «Skiakrobatik-Profi» verdankte sie einem eigentlich betrüblichen Ereignis. Als ihr Arbeitgeber in Pratteln 2001 den Besitzer wechselte, wurde Leu (wie 82 andere Mitarbeiter) auf die Strasse gestellt und konnte sich fortan ganz auf ihre Sportkarriere konzentrieren – für die Schweizer Freestyle-Szene rückblickend ein blauer Brief von höchst erfreulichem Inhalt.

links | Sportartenübergreifende Hebeübung an den Olympischen Spielen in Turin: Die Snowboard-Dominatoren Philipp (r.) und Simon Schoch tragen Skiakrobatik-Queen Evelyne Leu auf Händen

rechts | Ein Olympiasieger mit dem Schalk im Nacken. Sonny Schönbächler 1994 in Lillehammer

DAS STOCKERL UND DAS PODIUM

Österreich (83 853 km² / 8,3 Millionen Menschen) und die Schweiz (41 293 km² / 7,5 Millionen Menschen) sind trotz Morgarten und Sempach zwei befreundete Nationen, falls es nicht um die Weltvorherrschaft im alpinen Skisport oder um die Bindung des Simon Ammann geht. Die freundnachbarliche Beziehung ist unter anderem unserer Grosszügigkeit zu verdanken. Wir lassen Hansi Hinterseer fast täglich an unserem Radio singen, gewähren Wien gegenüber Zürich im Ranking der wohnlichsten Städte den Vortritt und verzichteten nach dem Ersten Weltkrieg auf Vorarlberg, obwohl 80 % der Voralberger am 19. November 1919 für den Anschluss an die Schweiz votiert hatten. Anderseits müssen wir neiderfüllt anerkennen, dass uns Österreich trotz Janka, Cuche und Défago in der weissen Arena noch immer eine winzige Skispitze voraus ist. Aber in Sachen Höhe sind wir auf der Höhe. Wir besitzen 48 Viertausender (48 mehr als Österreich). Bei uns wäre der Grossglockner, der Alpenrepublik höchster Berg, der Kleinstglockner. Wir haben das Matterhorn, Blatter, Cancellara und Federer, wir beherrschten mit Alinghi einige Weltmeere, unsere Bobfahrer sind schneller, unsere Eishockeyspieler besser, unsere Orientierungen dank Niggli und Hubmann effizienter. Die Pirouetten von Lambiel sind schwindelerregender als der Heurigen. Im Fussball umdribbeln wir die in der FIFA-Weltrangliste einige Dutzend Positionen hinter uns kickenden Österreich-Balltreter mit links. Sie sahen die Weltmeisterschaft im fernen Südafrika fern. Wir hingegen waren hautnah dabei, ehe wir mit nicht ganz fliegenden Fahnen unter- und hernach heimgingen; doch totalisierten wir mehr WM-Punkte als Frankreich, Italien, Kamerun und Nordkorea (165 Millionen Einwohner) zusammen. Vor fast hundert Jahren machten es die Österreicher besser. Den Eislauf-Lutz kreierte der Österreicher Alois Lutz, die Hockestellung der Skifahrer erfand der Arlberger Hannes Schneider, den Parallelschwung lehrte uns Schneiders Landsmann Toni Seelos.

Früher revanchierten wir uns zwecks Verdrängung allfälliger Minderwertigkeitskomplexe mit deftigen Witzen. Die Österreicher hätten, so erzählten wir lauthals lachend, uns auf die Schenkel klopfend, das Wellenreiten im Wörthersee verboten wegen der vielen ertrunkenen Pferde. Und im Dezember würden die Österreicher stets durch das Fenster ins Haus steigen, weil Weihnachten vor der Tür stehe. Noch bösartigere Schweizer behaupten, östlich von St. Margrethen beginne der Balkan. Aber die Österreicher sind liebenswürdige Leute. Sie verzeihen uns diese Spötteleien, wie sie uns die Steine von Morgarten, die Speere von Sempach und die Goldmedaillen von Vancouver inzwischen verziehen haben.

Unsere innige gegenseitige Verbundenheit wurde selbst durch die geschichtlich nicht verbürgte hinterhältige Attacke des Urners Wilhelm Tell auf den Habsburger Landvogt Gessler (Vorname unbekannt) in der Hohlen Gasse zu Küssnacht kaum geschmälert. Das Gerücht entsprang dem Gehirn eines Deutschen namens Schiller. Wir verwehren uns gegen Deutschlands Einmischung in unsere Interna und lassen uns nicht entzweien. Von der Entente cordiale zeugt, dass Österreichs Skifreunde am Hahnenkamm oder am Arlberg, an der Planei oder am Patscherkofel sogar dann applaudieren und bravo rufen, wenn Schweizer Rennfahrer stürzen.

Immer wieder wird behauptet, der Homo austriacus sei vor allem auf Kunstschnee besser als unsere Naturburschen. Das ist nicht aktenkundig, mag jedoch vielleicht auf das Wiener Flair für alles Künstlerische zurückzuführen sein. In der Malerei reicht es der Schweiz dank Ferdinand Hodler und Arnold Böcklin zwar zu einem ehrenvollen Unentschieden gegen Gustav Klimt und Friedensreich Hundertwasser, aber gegen die literarische Übermacht Grillparzer, Jandl, Lenau, Rilke, Stifter, Zweig, Kafka, von Hofmannsthal und Co. hat es unser Schriftsteller-Doppel Dürrenmatt / Frisch schwer. In Sachen Musik indes sind unsere Ikonen Peter Zinsli, Carlo und Maja Brunner, Jost Ribary, Schacher Seppli und Nella Martinetti bei den Älplern auf dem Urnerboden mindestens so beliebt wie Mozart, Haydn, Schubert, Karajan oder Schönbergs Zwölftonmusik. Singend haben wir mit Österreich gleichgezogen, weil Udo Jürgens jetzt auch Schweizer ist. Dagegen führen wir ganz klar in der Kategorie Alphorn. Unsere Alphörner sind länger.

So oder so, die einstige Donaumonarchie ist halt doch e bisserl anders als unser Hirtenvolk und die Schweiz ein bisschen anders als Österreich. Der älteste Tiroler heisst Oetzi, unsere älteste Fussballpräsidentin Oeri. Die greisesten Knaben der Welt, die Wiener Sängerknaben, haben Jahrgang 1498. Kaiserwetter, Kaiserschmarren und das Kaisergebirge retteten sich in die Zeit nach Sisi und Franz Joseph hinein. Die Mozartkugeln überlebten den Komponisten gleichen Namens und werden seit 1994 von der Schweizer Firma Lindt & Sprüngli produziert, was Salzburg nicht an die grosse Glocke hängt. Der einst stolz Alpendollar genannte Schilling musste dem wackeligen Euro weichen, wobei das Verb weichen trotz Wortverwandtschaft nichts mit der weichen Währung zu tun hat. Unser Fränkli hielt stand und blieb härter, wie die Engadiner Nusstorte im Vergleich zur Sachertorte. Der Wiener Sacher war Konditor, der Basler Sacher Dirigent.

Sprachlich halten wir uns beide an den Deutschen Goethe – mit ein paar Varianten. Der Skidress ist jenseits von Buchs das Schidress, der Januar Jänner, der Februar Feber, der Polizist Gendarm, der Coiffeur Frisör, das Zvieri Jause, der Tölpel Lackel, das Freudenmädchen Flitscherl, die Autobahngebühr Maut und die Vignette Pickerl. Die Dirndl sind fesch, man küsst die Hand der gnädigen Frau, wird ab zehn Euro Trinkgeld zum Doktor und ab zwanzig Dollar zum Professor, isst Backhendl, Kaiserschmarren und Palatschinken, bestellt Schlagobers, trinkt Obstler und Gumpoldskirchner, geniesst eine Melange und fährt angeblich besser Ski als auf den restlichen 510 Millionen Quadratkilometern unseres Planeten, inbegriffen die Sahara, ausgenommen die Schweiz – behauptet Swiss Ski. Item: Österreichs Schifahrer besteigen das Stockerl, Schweizer Skifahrer das Podium. Die Geografie blieb seit 1945, als die deutsche Ostmark wieder Österreich heissen durfte, unverändert. Der Rhein trennt weiterhin das Servus vom Grüezi. Auch die Lachgeografie scheint einigermassen ausgewogen. Zuerst führten wir 1:0, als wir uns köstlich über Österreichs Fussballpleite gegen die färöischen Schafhirte amüsierten. Doch dank dem Schweizer Debakel gegen Luxemburg glichen die Österreicher hämisch grinsend zum 1:1 aus.

Abschliessend sei immerhin zu unseren Gunsten vermerkt, dass wir oft toleranter sind als die Österreicher. Sowohl Zürich wie Luzern verliehen einer Strasse den Namen des Komponisten Mozart, ohne dass sich Wien oder Salzburg mit einem Jost Ribary-Weg revanchiert hätte. Und am Lauberhorn tauften wir die Stelle, an der 1954 die meisten Österreicher in den Schnee gebissen hatten, pietätvoll Österreicher Loch. Anderseits haben uns die Nachfolger der Habsburger, das sei ehrlichkeitshalber ebenfalls vermerkt, noch nie ersucht, die Erinnerungen an ihre Schmach, das Telldenkmal in Altdorf und den Winkelried in Stans, zu entfernen.

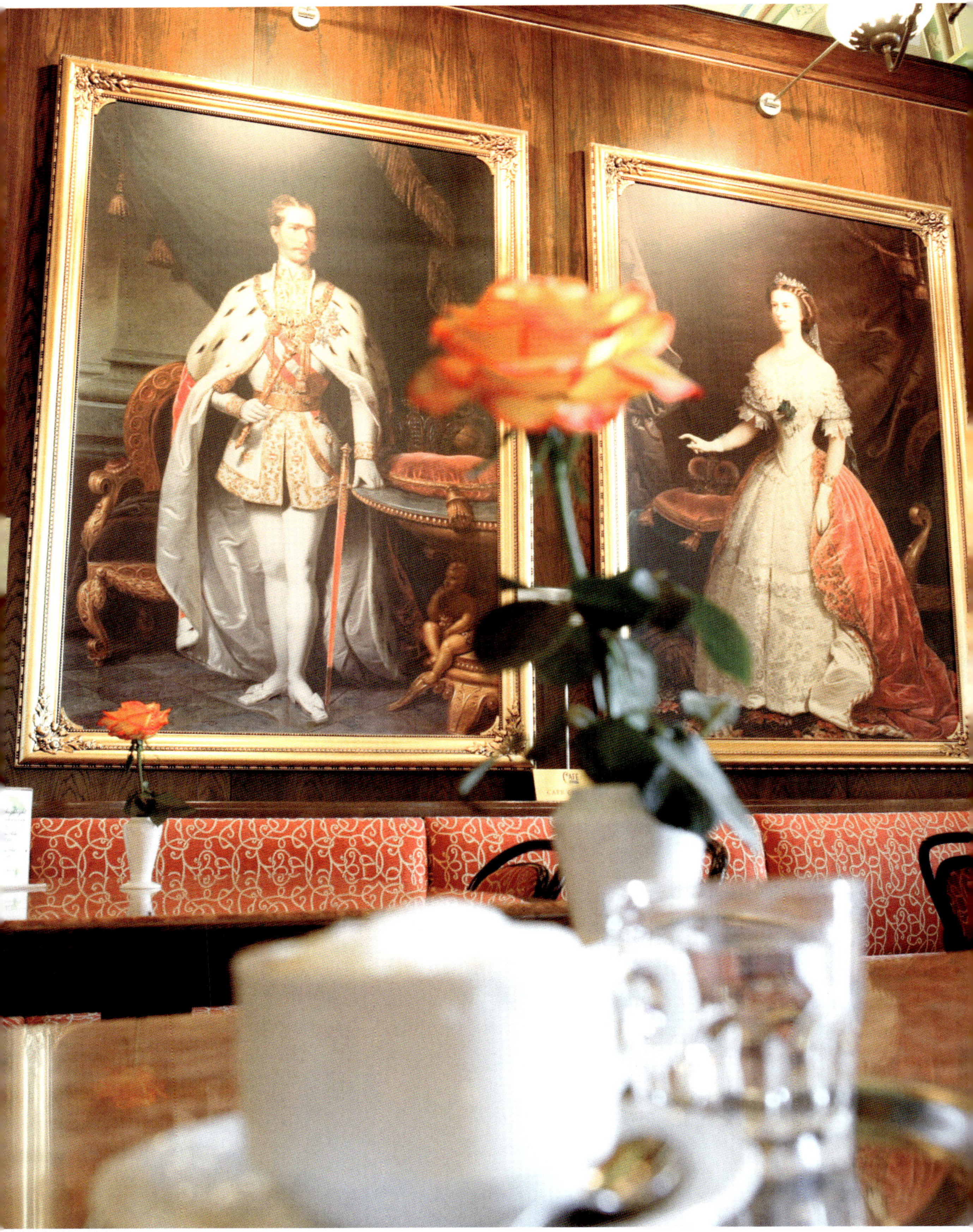

174
175

Österreich – Schweiz,
Stockerl und Podium,
servus und grüezi, Sisi und
Matterhorn

SCHWEIZER MEDAILLEN AN OLYMPISCHEN WINTERSPIELEN

1924 CHAMONIX, 25.1.–5.2.	
Gold Viererbob	Eduard Scherrer, Alfred Neveu, Alfred Schläppi, Heinrich Schläppi
Bronze Eiskunstlauf	Georges Gautschi

1928 ST.MORITZ, 11.–29.2.	
Bronze Eishockey	Giannin Andreossi, Mezzi Andreossi, Robert Breitner, Louis Dufour, Charles Fasel, Albert Geromini, Fritz Kraatz, Arnold Martignioni, Heini Meng, Anton Morosani, Dr. Luzius Rüedi, Richard Torriani

1932 LAKE PLACID, 4.–15.2.	
Silber Zweierbob	Reto Capadrutt, Oskar Geiger

1936 GARMISCH-PARTENKIRCHEN, 6.–16.2.	
Gold Viererbob	Pierre Musy, Arnold Gartmann, Charles Bouvier, Joseph Beerli
Silber Viererbob	Reto Capadrutt, Hans Aichele, Fritz Feierabend, Hans Bütikofer
Silber Zweierbob	Fritz Feierabend, Joseph Beerli

1940 KEINE SPIELE (2. WELTKRIEG)

1944 KEINE SPIELE (2. WELTKRIEG)

1948 ST. MORITZ 30.1.–8.2.	
Gold Zweierbob	Felix Endrich, Fritz Waller
Gold Ski alpin, Abfahrt	Hedy Schlunegger
Gold Ski alpin, Slalom	Edy Reinalter
Silber Eiskunstlauf	Hans Gerschwiler
Silber Zweierbob	Fritz Feierabend, Paul Eberhard
Silber Ski alpin, Slalom	Antoinette Meyer
Silber Ski alpin, Kombination	Karl Molitor
Bronze Ski alpin, Abfahrt	Ralph Olinger
Bronze Ski alpin, Abfahrt	Karl Molitor
Bronze Eishockey	Hans Bänninger, Alfred Bieler, Heinrich Boller, Ferdinand Cattini, Hans Cattini, Hans Dürst, Walter Dürst, Emil Handschin, Heini Lohrer, Werner Lohrer, Reto Perl, Gebhard Poltera, Ulrich Poltera, Beat Rüedi, Otto Schubiger, Richard Torriani, Hans Trepp

1952 OSLO, 14.–25.4.

Bronze Zweierbob	Fritz Feierabend, Stephan Waser
Bronze Viererbob	Fritz Feierabend, Albert Madörin, André Filippini, Stephan Waser

1956 CORTINA D'AMPEZZO, 26.1.–5.2.

Gold Viererbob	Franz Kapus, Gottfried Diener, Robert Alt, Heinrich Angst
Gold Ski alpin, Slalom	Renée Colliard
Gold Ski alpin, Abfahrt	Madeleine Berthod
Silber Ski alpin, Abfahrt	Raymond Fellay
Silber Ski alpin, Abfahrt	Frieda Dänzer
Bronze Zweiberbob	Bob Max Angst, Harry Warburton

1960 SQUAW VALLEY, 18.–28.2.

Gold Ski alpin, Riesenslalom	Roger Staub
Gold Ski alpin, Riesenslalom	Yvonne Rüegg

1964 INNSBRUCK, 29.1.–9.2.

Keine Medaillen	

1968 GRENOBLE, 6.–18.2.

Silber Nordische Kombination	Alois Kälin
Silber Ski alpin, Riesenslalom	Willy Favre
Bronze Ski alpin, Abfahrt	Jean-Daniel Daetwyler
Bronze Ski alpin, Riesenslalom	Fernande Bochatay
Bronze Ski nordisch, 50-km-Langlauf	Josef Haas
Bronze Viererbob	Jean Wicki, Hans Candrian, Willi Hofmann, Walter Graf

1972 SAPPORO, 3.–13.2.

Gold Ski alpin, Abfahrt	Bernhard Russi
Gold Ski alpin, Abfahrt	Marie-Theres Nadig
Gold Ski alpin, Riesenslalom	Marie-Theres Nadig
Gold Viererbob	Jean Wicki, Hans Leutenegger, Werner Camichel, Edy Hubacher
Silber Ski alpin, Abfahrt	Roland Collombin
Silber Ski alpin, Riesenslalom	Edi Bruggmann
Silber Skispringen Normalschanze	Walter Steiner
Bronze Ski alpin, Riesenslalom	Werner Mattle
Bronze Ski nordisch, Staffel 4×10 km	Alfred Kälin, Albert Giger, Alois Kälin, Edi Hauser
Bronze Zweierbob	Jean Wicki, Edy Hubacher

Sekt I
I RANG

178
179

Als die Schweiz noch als olympische Bühne taugte – Impressionen von den Winterspielen in St. Moritz 1948 (links) und 1928 (rechts)

1976 INNSBRUCK, 4.–15.2.

Gold Ski alpin, Riesenslalom	Heini Hemmi
Silber Viererbob	Erich Schärer, Ueli Bächli, Ruedi Marti, Josef Benz
Silber Ski alpin, Abfahrt	Bernhard Russi
Silber Ski alpin, Riesenslalom	Ernst Good
Bronze Zweierbob	Erich Schärer, Josef Benz

1980 LAKE PLACID, 13.–24.2.

Gold Zweierbob	Erich Schärer, Josef Benz
Silber Viererbob	Erich Schärer, Ueli Bächli, Ruedi Marti, Josef Benz
Bronze Ski alpin, Abfahrt	Marie-Theres Nadig
Bronze Ski alpin, Slalom	Erika Hess
Bronze Ski alpin, Slalom	Jacques Lüthy

1984 SARAJEWO, 8.–19.2.

Gold Ski alpin, Abfahrt	Michela Figini
Gold Ski alpin, Riesenslalom	Max Julen
Silber Ski alpin, Abfahrt	Maria Walliser
Silber Ski alpin, Abfahrt	Peter Müller
Bronze Viererbob	Silvio Giobellina, Heinz Stettler, Urs Salzmann, Rico Freiermuth

1988 CALGARY, 13.–28.2.

Gold Ski alpin, Riesenslalom	Vreni Schneider
Gold Ski alpin, Slalom	Vreni Schneider
Gold Ski alpin, Abfahrt	Pirmin Zurbriggen
Gold Ski nordisch, Kombination	Hippolyt Kempf
Gold Viererbob	Ekkehard Fasser, Kurt Meier, Marcel Fässler, Werner Stocker
Silber Ski alpin, Abfahrt	Brigitte Oertli
Silber Ski alpin, Super-G	Michela Figini
Silber Ski alpin, Kombination	Brigitte Oertli
Silber Ski alpin, Abfahrt	Peter Müller
Silber Ski Nordische Kombination, Staffel	Andreas Schaad, Hippolyt Kempf, Fredy Glanzmann
Bronze Ski alpin, Riesenslalom	Maria Walliser
Bronze Ski alpin, Kombination	Maria Walliser
Bronze Ski alpin, Riesenslalom	Pirmin Zurbriggen
Bronze Ski alpin, Kombination	Paul Accola
Bronze Ski nordisch, 50-km-Langlauf	Andi Grünenfelder

1992 ALBERTVILLE, 8.–23.2.

Gold Zweierbob	Gustav Weder, Donat Acklin
Bronze Viererbob	Gustav Weder, Donat Acklin, Lorenz Schindelholz, Curdin Morell
Bronze Ski alpin, Kombination	Steve Locher

1994 LILLEHAMMER, 12.–27.2.

Gold Ski alpin, Slalom	Vreni Schneider
Gold Zweierbob	Gustav Weder, Donat Acklin
Gold Ski Freestyle, Springen	Andreas «Sonny» Schönbächler
Silber Ski alpin, Kombination	Vreni Schneider
Silber Ski alpin, Riesenslalom	Urs Kälin
Silber Zweierbob	Reto Götschi, Guido Acklin
Silber Viererbob	Gustav Weder, Donat Acklin, Kurt Meier, Domenico Semeraro
Bronze Ski alpin, Riesenslalom	Vreni Schneider
Bronze Ski nordisch, Staffel	Hippolyt Kempf, Jean-Yves Cuendet, Andreas Schaad

1998 NAGANO, 7.–22.2.

Gold Snowboard, Halfpipe	Gian Simmen
Gold Curling	Patrick Hürlimann, Patrik Lörtscher, Daniel Müller, Diego Perren, Dominic Andres
Silbe Ski alpin, Super G	Didier Cuche
Silber Viererbob	Marcel Rohner, Markus Nüssli, Markus Wasser, Beat Seitz
Bronze Snowboard, Riesenslalom	Ueli Kestenholz
Bronze Ski Freestyle, Springen	Colette Brand
Bronze Ski alpin, Riesenslalom	Michael von Grünigen

2002 SALT LAKE CITY, 8.–24.2.

Gold Skispringen, Normalschanze	Simon Ammann
Gold Skispringen, Grossschanze	Simon Ammann
Gold Snowboard, Parallel-Riesenslalom	Philipp Schoch
Silber Curling	Luzia Ebnöther, Laurence Bidaud, Tanya Frei, Mirjam Ott, Nadia Röthlisberger
Silber Zweierbob	Christian Reich, Steve Anderhub
Bronze Curling	Andreas Schwaller, Christof Schwaller, Damian Grichting, Markus Eggler, Marco Ramstein
Bronze Ski alpin, Riesenslalom	Sonja Nef
Bronze Ski nordisch, 4 × 5-km-Staffel	Andrea Huber, Laurence Rochat, Brigitte Albrecht Loretan, Natascia Leonardi Cortesi
Bronze Skeleton	Gregor Stähli
Bronze Zweierbob	Martin Annen, Beat Hefti
Bronze Snowboard, Halfpipe	Fabienne Reuteler

2006 TORINO 10.–26.2.

Gold Skeleton	Maya Pedersen-Bieri
Gold Ski Freestyle, Springen	Evelyne Leu
Gold Snowboard, Parallel-Riesenslalom	Daniela Meuli
Gold Snowboard, Cross	Tanja Frieden
Gold Snowboard, Parallel-Riesenslalom	Philipp Schoch
Silber Curling	Mirjam Ott, Binia Beeli, Michèle Moser, Manuela Kormann, Valeria Spälty
Silber Eiskunstlauf	Stéphane Lambiel
Silber Ski alpin, Abfahrt	Martina Schild
Silber Snowboard, Parallel-Riesenslalom	Simon Schoch
Bronze Viererbob	Martin Annen, Cédric Grand, Beat Hefti, Thomas Lamparter
Bronze Zweierbob	Martin Annen, Beat Hefti
Bronze Skeleton	Gregor Stähli
Bronze Ski alpin, Super-G	Ambrosi Hoffmann
Bronce Ski alpin, Abfahrt	Bruno Kernen

2010 VANCOUVER, 12.–28.2.	
Gold Skispringen, Normalschanze	Simon Ammann
Gold Skispringen, Grossschanze	Simon Ammann
Gold Ski alpin, Abfahrt	Didier Défago
Gold Ski alpin, Riesenslalom	Carlo Janka
Gold Ski nordisch, 15 km freie Technik	Dario Cologna
Gold Skicross	Mike Schmid
Bronze Ski alpin, Superkombination	Silvan Zurbriggen
Bronze Snowboard, Cross	Olivia Nobs
Bronze Curling	Markus Eggler, Ralph Stöcklin, Jan Hauser, Simon Strübin, Toni Müller

MEDAILLENSPIEGEL NACH SPORTARTEN

	GOLD	SILBER	BRONZE	TOTAL
BOB	9	10	11	30
CURLING	1	2	2	5
EISLAUF	0	2	1	3
EISHOCKEY	0	0	2	2
SKI ALPIN	18	19	19	56
SKICROSS	1	0	0	1
SKI FREESTYLE	2	0	1	3
SKI LANGLAUF	1	0	4	5
SKI NORDISCHE KOMBINATION	1	2	1	4
SKI SPRINGEN	4	1	0	5
SNOWBOARD	5	1	3	9
TOTAL	43	37	46	126

PERSONEN- UND SACHREGISTER

A
Accola, Paul 120, 124
Aebischer, David 42, 47
Albrecht, Daniel 134, 136, 137
Ammann, Simon 66, 67, 68, 70, 71, 72
Andres, Dominic 48, 49
Annen, Martin 18

B
Badrutt, Johann 8, 36
Benz, Sepp 18
Bibbia, Nino 14, 17
Biellmann, Denise 23, 27
Brand, Colette 171

C
Capadrutt, Reto 18
Cattini, Ferdinand 30, 31, 36
Cattini, Hans 30, 31
Coates, James 16
Collombin, Roland 108
Cologna, Dario 89, 90, 92, 93
Cresta Run 9, 14
Cuche, Didier 130, 132
Curling 12

D
Dahinden-Pfyl, Rosa 13
Däscher, Andreas 61, 64, 65
De Agostini, Doris 142
Défago, Didier 130, 134

E
Eberle, Jörg 40, 41
Eggler, Markus 50
Endrich, Felix 18
Engadin Skimarathon 78, 84

F
Feierabend, Fritz 18
Figini, Michela 142, 144
Freiholz, Sylvain 68
Frieden, Tanja 149, 156, 157
Furrer, Art 164, 165
Furrer, Otto 100

G
Gerber, Martin 42, 43, 44
Gerschwiler, Hans 23, 27
Giger, Albert 78, 79, 87
Giobellina, Silvio 18
Götschi, Reto 18
Greiner, Jeanine 52
Gut, Lara 126

H
Haas, Sepp 78, 80, 81
Hauser, Edi 78, 87
Hefti, Beat 18
Heinzer, Franz 118
Hemmi, Heini 138
Hess, Erika 138, 139, 141, 142, 144
Hiller, Jonas 46
Hürlimann, Patrick 48, 49, 54

I
Iselin, Christof 56, 57

J
Jaks, Paul 42
Janka, Carlo 120, 121, 125

K
Kälin, Alfred 78, 82, 87
Kälin, Alois 78, 86, 87
Kapus, Franz 18
Kempf, Hippolyt 94, 95, 96, 97, 98, 99
Kernen, Bruno 126, 129
Kessler, Charly 36, 37
Kessler, Herbert 36, 37
Kissling, Conny 164, 166
Küttel, Andreas 68

L
Lambiel, Stéphane 23
Leu, Evelyne 168, 169, 170
Leutenegger, Hausi 18
Lohrer, Heini 36, 37
Lörtscher, Patrik 48

M
Meuli, Daniela 149
Meyer, Antoinette 105
Molitor, Karl 100, 101, 102, 104, 105
Müller, Daniel 48
Müller, Peter 118

N
Nadig, Marie-Theres 74, 138
Nef, Sonja 128
Neveu, Alfred 18

O
Ogi, Adolf 74, 75, 76, 77
Ott, Mirjam 50, 52

P
Pedersen-Bieri, Maja 14
Perren, Diego 48
Poltera, Gebi 32, 33, 37
Poltera, Ueli 33, 37
Prager, Walter 100

R
Reich, Christian 18
Reinalter, Edy 104
Reymond, Marcel 61
Rohrer, Fabien 151
Rominger, Rudolf 104
Rüegg, Ivo 18
Russi, Bernhard 104, 106, 107, 108, 110, 111, 112, 113, 138

S
Simmen, Gian 76, 148, 149, 150, 152, 154

Sch
Schäfer, Carmen 52
Schärer, Erich 18, 20
Scherrer, Eduard 18
Schläppi, Alfred 18, 20
Schläppi, Heinrich 18, 20
Schmid, Mike 158, 159, 160, 161, 162
Schmidhauser, Corinne 139
Schneider, Georges 104
Schneider, Vreni 138, 142, 143, 146, 147
Schoch, Philippe 148, 170
Schoch, Simon 148, 170
Schönbächler, Sonny 168, 171

St
Stadler, René 18
Stähli, Gregor 14
Staub, Roger 138
Steiner, Walter 61, 62, 64
Streiff, Rösli 57
Streit, Mark 42, 45

T
Torriani, Bibi 30, 31, 36
Trepp, Hans-Martin 33, 36, 37
Tschannen, Fritz 60, 61, 64

V
Von Arx, Reto 42, 46
Von Grünigen, Michael 126, 129

W
Walliser, Maria 142, 143, 147
Weder, Gustav 18
Wicki, Jean 18

Z
Zogg, David 100
Zryd, Annerösli 138
Zurbriggen, Pirmin 115, 116, 117, 144

DIE AUTOREN

SEPP RENGGLI

Geboren zwei Monate, nachdem der Bob Schweiz I in Chamonix die allererste Schweizer Winterolympia-Goldmedaille gewonnen hatte. Der in Kriens aufgewachsene und in Ebmatingen wohnhafte Vater von zwei Sportjournalisten war Sportchef von Radio DRS, Leiter des DRS-Radiostudios Zürich und während 15 Jahren «Weltwoche»-Kolumnist. Der Autor mehrerer Sportbücher berichtete von zwanzig Olympischen Winterspielen und Ski-Weltmeisterschaften sowie von etlichen Bob- und Eishockeytitelkämpfen. Seine (erfolglose) Skirennfahrer-Karriere endete mit dem Riss der rechten Achillessehne im Spital Ste-Croix. Hierauf begann er zu schreiben und tut es 60 Jahre später noch immer, ohne je den Nobelpreis für Literatur erhalten zu haben.

THOMAS RENGGLI

Geboren am 27. April 1972 im Zürcher Triemli-Spital, brachte Thomas Renggli die schulischen Pflichten am Ebmatinger Leeacher sowie an der Zürcher Hohen Promenade hinter sich. Danach widmete er sich den Sprach- und Lebensstudien in Nizza und Texas. Weil er dabei die angestrebte Karriere als Profifussballer aus den Augen verlor, blieb nur ein Ausweg: der Sportjournalismus.

Zunächst als freier Mitarbeiter des «Tagblatt der Stadt Zürich» sowie von «Radio Zürisee» beschäftigt, ging er ab 1994 als Redaktionssekretär, Volontär und Redaktor durchs Stahlbad der nationalen Agentur «Sportinformation». Zwischen 1998 und 2008 war er als Reporter und Kolumnist für die «Neue Zürcher Zeitung» tätig – bevor er sich für anderthalb Jahre auf den medialen Boulevard an der Zürcher Dufourstrasse wagte. Momentan ist er als freier Publizist und Autor sowie als Sportexperte für «Radio 1» engagiert.

Thomas Renggli lebt zusammen mit seiner Ehefrau Tatiana und Tochter Mascha in Zürich.